미래 교육을 대비하는
대 학 의 변 화

전공을
버려라

미래 교육을 대비하는
대 학 의 변 화

전공을
버려라

윤성이 지음

파지트

미래에도 사회 제도의 한 축으로
대학이 존재하길 바라며

서구 중세부터 최근까지 대학은 인류사회의 발전이 되는 초석을 만들고 발전의 견인차 역할을 해왔다. 수백 년 전 시작된 산업혁명으로부터 불과 수십 년 전의 기술 혁명 근간에는 대학이 자리하고 있었다. 대학은 사회 발전의 중심에 있다. 대학은 사회를 관찰하고 분석하여 발전을 위한 제도를 창출해 왔다. 또한 과학 지식의 생산을 통해 산업화를 주도했다. 전쟁과 자연재해로 사회가 어려움을 겪었을 때도 대학은 중요한 역할을 해 왔다.

그러나 지금은 어떤가? 과학 기술은 이제 교육이 따라가기가 어려울 정도로 급속히 발달하고 있으며 사회도 급변하고 있다. 인구 고령화, 기후 변화, 디지털화 등으로 대변되는 메가 트렌드는 사회, 경제, 기술 등 다양한 측면에서 변화를 가져오며 기존의 사회 구조와 비즈니스 모델을 변화시키고 있다. 대학 역시 그에 맞추어 혁신적인 변화를 사회로부터 요구받고 있다.

21세기는 기술 만능의 시대이다. 이는 농경사회에서는 상상조차 할 수 없었던 변화를 일상과 교육 방식에 가져왔다. 경제학자 에릭 브리뇰프슨^{Erik Brynjolfsson}과 앤드루 맥아피^{Andrew Mcafee}가 공동 집필한 책〈제2의 기계 시대 : 인간과 기계의 공생이 시작된다^{The Second Machine Age:Work, Progress, and Prosperity in a Time of Brilliang Technologies}〉에서 지적한 바와 같이 우리가 만들어낸 기계들이 제임스 와트^{James Watt}의 증기기관이 소달구지를 굴리던 경제를 변화시킨 것만큼 광범위하게 세상을 바꿔놓을 최대치의 변곡점에 다다랐다.[*]

지금까지 대학이 사회제도의 중심에서 그 역할을 다해온 것처럼 이제 곧 대학도 변곡점의 기로에서 계속 성장할 것인가 아니면 대학의 존립 근거를 상실하여 존폐될 것인가를 요구받게 될 것이다.

저자는 2019년부터 4년간 동국대학교에서 총장으로 대학의 발전을 위해서 동분서주 노력했다. 총장이 되기 전부터 현대사회에서 대학이 마주치게 될 위기와 새로운 역할을 고민했다. 과연 4차 산업혁명 시대에 대학은 어떤 혁신을 해야 지속 가능한 사회제도로 존립할 수 있을까? 해답은 '단절적 혁신'이었다. 우리가 직면한 것은 단순한 교육의 변화가 아니라, 근본적인 혁신의 필요성이다. 이를 '단절적 혁신'이라 명명한다. 단절적 혁신은 기존 교육 체계

---

* 조지프 E. 아운 지음, 김홍옥 옮김, 〈AI시대의 고등 교육〉, 에코리브르, 2019.

의 근본적인 전환을 추구하며, 혁신이라는 단어의 진정한 의미를 재조명한다. 우리가 알던 교육의 형태와 방식은 이제 과거의 일이 되어야 한다. 우리는 더 이상 지속 가능한 형태의 개선에 안주할 수 없다. 단절적 혁신은 관습적인 교육의 규범, 교수의 전통적 권위, 비효율적인 교육 관행을 극복하려는 시도이다.

이 혁신은 단순한 변화가 아니라, 창조적인 발상을 통해 새로운 교육 체계를 구축하는 것을 의미한다. 우리는 미래의 교육을 위해, 단순히 고치고 개선하는 것을 넘어선, 근본적으로 새로운 방식을 창조해야 한다. 단절적 혁신은 기존의 교육 방식을 완전히 탈바꿈시키는 것으로, 이는 단순한 계승이 아니라, 교육의 근본부터 다시 생각하는 과정이다.

이 책을 통해 우리는 기존의 교육 체계에 도전하고, 새로운 창조적 교육의 모델을 제시하려 한다. 단절적 혁신은 단지 변화만을 추구하는 것이 아니라, 진정한 창조와 혁신을 통해 미래 교육의 새로운 지평을 열어가는 우리 모두의 여정이다.

저자는 총장이 되고 난 후 교수, 직원, 학생, 이사회, 동창 등 다양한 구성원이 함께하는 대학 공동체를 어떻게 이끌어야 '단절적 혁신'을 완성할 수 있을까 고민했다.

- 모집 단위 광역화로 전공의 벽을 과감히 없앤 학사 구조.

- 학생들이 적성 탐구와 전공 선택을 자유롭게 할 수 있게 하고 창업 및 비교과 역량 개발을 지원하는 개방적인 교육.
- 이를 효율적이고 효과적으로 달성하기 위해 반드시 필요한, 교수들의 신분 안정을 위한 교육, 연구, 복지에 대한 혁신.
- 데이터 기반의 의사 결정을 위한 행정의 통합 시스템.
- 무엇보다 이 모든 요소를 가능하게 할 재정 기반 구축.

'단절적 혁신'은 한마디로 재정 자립을 바탕으로 미래를 위해 언제라도 자유롭게 학제 개편이 가능한 유연한 의사 결정 구조, 교수의 역량을 최대치로 끌어올릴 혁신적인 제도, 대학 전체 행정 조직의 전산화로 보았다. 4년간 대학을 이끌면서 제일 먼저 기관 연구Institutional Research(IR) 시스템을 만들어 의사 결정을 위한 데이터 기반을 마련하였다. 융복합학과를 만들어 다양한 전공을 원하는 학생들을 유치했다. 교수들의 연구 복지 개선을 통해서 학문 연구와 R&D 활성화를 극대화할 수 있게 제도화했다. 그동안 뜻하는 대로 된 것도 있지만 원하는 방향으로 진행되지 않아 한계를 체감한 부분도 많다.

우리나라 대학은 각 대학이 지닌 구조적인 모순을 스스로 해결하기에는 한계가 있다. 재무적으로 독립되어 있다고 말하기 어려운 우리나라 대학의 환경에서 대학이 가지는 구조적인 모순을 혁신적으로 변화를 추구하기에는 한계가 있다고 생각한다. 대학의 혁신은 과거와의 단절적 혁신이어야 한다. 학생을 직접 지도하는 교수들도 미래의 변화를 두려워하고, 자기 세계에 갇힌 전문가 집단으로 변질되어 가고 있음을 부정하기 어렵다. 지식 전달의 교육 방식에서 학생들이 가져야 할 미래의 인재상에 맞춘 교육을 효과적이고 실용적으로 전달하는 교수법 활성화는 아직 많이 부족한 것이 사실이다. 또 대학의 구조와 대학을 구성하는 조직, 그리고 미래 인재상에 맞춘 교육을 할 수 있는 체계와 공간이 미래는 지금의 모습과는 다른 형태로 존재해야 할 것이다. 이러한 단절적 혁신의 모든 대상과 내용은 건전한 재무적 바탕 위에서 가능하다.

우리나라는 고령화와 인구 절벽, 그리고 대학의 수도권 집중 현상과 정부의 규제 등 사립대학의 위기 요인이 무수히 산재해 있다. 한국 대학 특히 사립대학의 고뇌와 대학이 지속적 성장을 위해서는 지금 해야 할 혁신의 내용은 무엇이고 무엇이 문제이며 어떻게 그것을 해소할 것인가를 진단해 보자고 하는 것이 이 책의 목적이기도 하다. 지금까지 대학의 위기나 혁신과 관련한 책이 일반인의 지혜를 바탕으로 작성된 저서라면 본서는 교육자인 동시에 경영자로서 총장의 리더십 측면에서 완성하였다.

저자는 2019년부터 4년간 동국대학교에서 총장으로 일하면서 많은 변화를 일으켰고 성과도 있었다. 하지만 일을 하는 동안 여러 가지 한계도 맛보았다. 대학의 개혁과 혁신을 위해서는 많은 것이 동시에 해결되어야 함을 느끼면서 본고를 준비하게 되었다. 본인의 이런 의도에 동참해 주신 많은 분들과, 자료 검색이나 토론에 직접 참여해 주신 분께 이 자리를 빌려 감사의 말씀을 드린다. 특히 각 주제에 대한 아이디어를 구체화하는 데 도움을 준 동국대학교 김유천, 심태은, 이송이, 하오선 교수께 감사하고, 자료를 검색하고 정리해 준 신서정, 이지성, 이경화 선생님께 감사한다.

이 책은 지금까지 동국대학교에서 학생들을 가르치며, 미래인재개발원장 그리고 대학원장으로서 대학 교육과 정책을 개발하고, 총장으로서 직접 실행하면서 가졌던 감사함을 동국대학교, 그리고 한국 사회에 바치고자 한 마음의 표현이다. 그동안의 경험을 책으로 정리해 두는 것은 다음 동국대학교를 운영하는 리더나 우리나라의 대학 교육을 위해서, 그리고 본인의 개인 삶을 위해서 중요한 작업이었다.

앞으로 무수한 위기 요인 속에서 대학을 발전시키고 운영하고 지원해야 할 관계 기관의 모든 분들과 우리 교육을 담당하는 모든 관계자에게 조금이나 의사 결정에 도움이 되는 책으로 전달된다면 무한한 영광이겠다.

|제1부| **Why**
대학 교육 개혁을 왜 해야 하는가?

|제2부|
지금 우리는 무엇을 해야 할까?

What

|제3부|
어떻게 해야 할까?

Why

대학 교육 개혁을
왜
해야 하는가?

1장

내가 다시 태어난다면
대학에 진학할까?

|1| 메가 트렌드로 보는 대학의 위기

메가 트렌드와 사회 변화

현재, 급격한 환경 변화를 가져오는 메가 트렌드가 우리 사회를 지배하고 있다. 이 힘은 우리의 뇌리에 각인되어 있으며, 모든 분야의 전문가가 메가 트렌드가 가져올 사회의 급격한 변화를 예측하고 있다. 이러한 트렌드는 우리의 일상에도 영향을 미치며 이를 증명한다. 그런 가운데 일반 시민들은 자신도 모르는 사이 메가 트렌드의 거대한 흐름에 휩쓸려 살아가고 있다.

메가 트렌드는 사회 모든 분야의 다양한 측면에서 변화를 초래하며, 대학 역시 예외일 수는 없다. 메가 트렌드는 단기적인 예단이 아닌 장기적이며 전략적인 변화를 의미한다. 사회, 경제, 환경, 기술 등의 다양한 분야에서 이 트렌드는 변화를 초래하고 있다.

메가 트렌드 중 인구 절벽과 고령화, 디지털 혁명에 따른 현대산업의 진화Modern Industrial Evolution가 우리나라 교육에 가장 큰 영향을 가져올 것이다. 메가 트렌드는 긍정적 차원에서 기존의 사회 구조와 교육 서비스 모델을 변화시키며 새로운 기회와 도전을 제공하기도 한다. 그러나 부정적 차원에서는 변화에 적응하지 못하고 경쟁에서 열위에 있는 개인이나 조직, 제도는 그 존재 가치를 상실시키고 만다.

메가 트렌드의 이러한 사회 변화 물결은 멈출 수 없을 것이다. 최근 발표된 세계경제포럼World Economic Forum의 〈딥 시프트 : 기술적 전환점과 사회적 영향Deep Shift: Technology Tipping Points and Social Impact〉 보고서(2024)에 따르면, 웹과 사람들의 연합은 정신적, 사회적, 육체적 확장으로 나아가며, 이제 언제 어디서나 어떤 장치에서든 상호작용이 가능한 사회로 변할 것으로 예측한다. 또한 기계지능Machine Intelligence을 가진 컴퓨터는 빅 데이터라고 하는 방대하고 이질적인 데이터에 접근하고 분석하여 의사 결정을 내릴 수 있게 한다. 그러기에 미래 사회는 무한히 예측하기 어려운 변화를 맞이하게 될 것으로 전망한다. 이러한 예측은 이미 우리 주변에서 현실화되어 있다. 전통적인 기관과 외부의 당사자 간에 직접 교환이 가능한 투명성 기반의 디지털 전환은 상점, 은행 등에서 이루어지고 있으며, 신뢰 메커니즘과 디지털로 전송된 매개변수를 기반으로 한 공유 경제가 형성되고 있다. 또한, 물리적인 물질의 디지털화는 현장에서의 생성을 가능하게 한다.

우리나라의 과학기술정책연구원STEPI에서 수행한 자료에 따르면, 미래 사회의 변화 추이에 대해서 8대 메가 트렌드 및 25개 트렌드로 확인할 수 있다. 이 중에서도 전 세계적으로 나타나는 지구적 메가 트렌드와 우리가 직면한 메가 트렌드 대부분은 그 맥을 같이 하고 있다.

최종적으로 우리 사회를 가장 크게 변화시킬 트렌드는 현대 산업의 진화Modern Industrial Evolution를 일으키고 있는 기술 혁명일 것이다. 이 기술 혁명으로 인한 4차 산업혁명은 인공지능 기술로 대변되는 디지털 신기술의 발전에 따라 전통적인 직업들을 자동화로 대체한다. 자동화는 지금까지 1차원적 단순 노동자에게만 위협으로 인식되었다. 그러나 이제는 교수나 의사, 천문지리 등 소위 전문가라고 하는 지식 계층의 종사 업무도 이 AI 기능을 가지고 자동화를 담당하는 기계가 그 역할을 할 것이다. 여기에는 미적분을 가르치고 실험하는 대학 교수의 역할이나 의학적 해석과 수술 및 빅 데이터 분석을 통한 예측과 의사 결정 등의 고도화되고 숙련된 업무도 해당

한다. 또 새로운 스마트 비즈니스 모델을 창출시킬 것이고 초연결성과 초지능화는 사이버 물리 시스템CSP을 기반으로 하는 스마트 팩토리Smart Factory 등과 같이 새로운 구조의 산업 생태계 형성에 의해서 고용 구조의 변화를 야기할 것으로 예상된다(김진하, 2016).

이는 고용 인력 중 직무 역량Skills & Abilities 변화의 영향을 미칠 것으로 판단된다. 산업 분야에서 요구하는 주요 능력 및 역량 또한 변화가 생겨 복합 문제 해결 능력Complex Problem Solving Skills 및 인지 능력 등에 대한 요구가 높아질 것으로 예상 되고 있다(WEF, 2016). 이 외에도 미래 사회의 변화는 다양한 분야에서 나타나고 있다. 예를 들면 개인 맞춤형 서비스는 갈수록 고도화될 것이다. 지금 우리 손목에 개인 건강 모니터링 앱에서 심박수 및 운동 패턴 데이터를 활용하여 맞춤 운동 계획과 건강 조언을 제공하는 시계는 개인만이 아니라 의료계와 보험 등의 금융계까지 그 영향을 확장하고 있다.

교육 측면에서도 혁신으로 디지털 학습 도구와 온라인 교육 플랫폼은 학습 경험과 접근성에 혁신적인 변화를 가져올 수 있다. 몰입형 디지털 환경Immersive Digital Environments 및 증강현실AR 기술도 학습 방식에 큰 영향을 줄 것으로 예상된다. 이러한 예측은 다양한 학자들의 추론 통계 기반의 지식일 뿐만 아니라 주관적인 견해일 수 있으며 실제로 발생하는 변화는 더욱 다양하게 나타날 수 있다. 추론되고 있는 사회적 변화는 현대 4차 산업혁명이라고 하는 기술 혁신에서 기인하는 것이고 이러한 문제는 우리 대학 사회에 많은 변화를 요구*하고 있는 것 또한 사실이다.

동국대학교에서도 이러한 흐름과 맥을 같이 하는 시스템으로 대학의 경영 효율성과 데이터 기반의 분석 중심 의사 결정Analytics-Centric Decision Making으로 정확성을 강조하기 위하여 IR Institutional Research 시스템**을 개발하여 데이터 기반의 의사 결정 구조를 최초로 시행하였다. 이것은 기업에서 실제로 실행하고 있는 소비자 분석과 유사한 원리일 수 있다.

그래도 우리가 잊지 말아야 할 것은 창의성 및 혁신성, 상호 협력 등과 같은 인간만이 발휘 가능한 주요 능력 및 영역이 여전히 자동화에서 보호받을 핵심적인 내용으로 남을 것이라는 점이다.

대학의 위기

메가 트렌드로 지구 사회는 엄청난 변화에 직면하고 있다. 이러한 트렌드가 대학에는 어떠한 변화를 요구하고 있는가? 우선 미래에 대학의 위기를 초래하는 트렌드는 무엇인지 생각해 보자. 그 트렌드는 대학에 어떠한 영향을 미칠 것인지 그래서 대학은 무엇을 해

---

* 미래 사회 고용 인력은 지속적인 학제 간 학습(Interdisciplinary Learning)뿐만 아니라 새로운 역할과 환경에 적응할 수 있는 유연성을 갖추고, 다양한 하드스킬(Hard Skills)을 활용할 수 있어야 한다(김진하, 2016).
** 본 책의 5장 본문의 IR 시스템 참고.

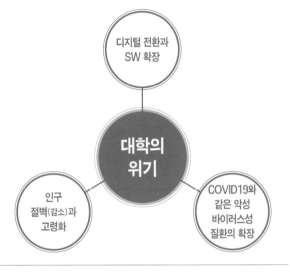

[그림 1] 대학의 위기

야 할 것인지에 대해서 고민해 보기로 한다.

이 세 가지, 인구 문제, 사회의 디지털화, COVID 같은 예측 불가능한 상황의 트렌드 중에서도 대학에 가장 큰 영향을 미치는 것은 인구 절벽 문제이다. 이 문제는 일본이 이미 경험한 것이며 현재도 진행 중인 도전적인 과제이다. 특히, 대학과의 연계에서는 지방 소멸이라는 절대적 위기를 안고 있는 우리나라에서는 가장 심각한 문제이다.

2011년 출생자 수가 전원 고등학교를 진학하고 그 학생이 현재의 진학률로 대학을 진학한다면 2040년 진학자 수는 26만 명이된다. 현재 대학의 입학 정원 45만 명인 우리나라 대학은 2040년에는 44.6퍼센트의 대학을 폐쇄해야 한다. 이 수치는 변화되는 미래의 대학 진학률을 고려하지 않은 수치이다. 출생 인구 감소 문제는 대학 경영적 측면에서 대학 폐쇄라고 하는 절대적 위기를 초래할 문제이고 대학 내부의 학사 구조 혁신이나 비용 절감을 통한 경영 합리화를 요구하는 문제이다. 이 문제는 국가 성장과 인재의 지속적인 공급이라고 하는 고등 교육 전체의 위기와 관련한 문제이다.

이러한 문제를 극복한다면 다음으로 대학 전체에 미치는 강력한 영향은 디지털 전환과 소프트웨어^{SW}의 확장성이다. 디지털 전환에서 오는 교육의 변화 요구에 우리나라 대학은 체질적 준비가 되어있지 않다고 봐야 할 것이다. 대학의 측면에서 막대한 자본적 리스크를 부담해야 하는 것은 큰 부담이고 이는 외국 자본에 우리 국민의 고등 교육을 위임하는 사태까지도 초래할 수 있다.

시대 변화에 따른 대학의 위기에 대해서 논의할 때, 현대 산업의 변화를 주도하고 있는 기술 통합$^{Tech\ Integration}$과 소프트웨어 발전으로 인한 산업, 사회, 경제 부분의 급격한 변화와 확장성은 우리 주변에서 실질적인 변화를 느끼게 한다. 그러나 누구 하나 선도적으로 변화에 대한 대응을 결정하지 못하고 미래의 위기에 걱정만 하고 있다는 것이 안타깝다.

고등 교육이 시대적 인재상을 반영하여 역량을 극대화하는 교육이라고 한다면 대학의 위기 극복을 위해서 지금의 고등 교육 즉, 대학 교육과 관련한 모든 부분에서 대전환이 이루어져야 하고 이

전환을 위해서는 과거와의 단절적 혁신을 추구해야 한다.

대학의 위기는 다양한 측면에서 나타나고 있다.

첫째, 학생들의 진학 모수 감소로 대학 경영에 리스크가 발생하고 있다. 둘째, 디지털 혁신과 소프트웨어 활성화로 전통적인 대학에 대한 사회의 부정적 인식이 팽창하고 있어 학생의 진학률이 감소*할 것으로 예측된다. 또한, 디지털 전환에 대한 대학 내부의 시스템 변화 요구는 엄청난 재정 부담을 요구할 것이므로 대학 경영에 막대한 리스크가 존재한다.

마지막으로, COVID와 같은 악성 바이러스의 유행으로 예측 불가능한 대학 경영의 어려움이 예상된다. 이러한 불확실성에 대한 대책은 결국에는 대학에 큰 재정 부담을 가져올 것으로 예상한다. 이러한 대학의 모든 위기에 대처하기 위해서는 대학의 예산이 확보되어야 한다. 재무 구조가 취약한 우리나라의 고등 교육 재정 지원 구조는 대학이 변화해야 하는 시대적 요구에 능동적으로 대

---

* 앤드류 델방코의 《College: What It Was, Is, and Should Be - Second Edition》에서 대학들은 온라인 교육 플랫폼을 도입하여 학생들에게 유연한 학습 기회를 제공하는 동안, 이로 인해 전통적인 대학 교육 모델의 특수성과 학생-교수 간 상호 작용의 중요성이 희석될 수 있다는 문제가 있다고 하며, 기술의 발전과 경제 변화로 인해 취업 시장의 요구가 변화하면서 대학들은 학생들이 실질적인 취업 기술과 능력을 개발하는 데 최선을 다할 것이고 학위가 아닌 온라인 인증서나 자격증이 가치를 가질 것으로 예측한다. 따라서 고등학생들의 대학 진학률이 감소할 것이고, 경제 성장과 함께 자신의 행복 추구에 관심을 가지고 의사 결정을 하는 MZ세대의 특징을 보더라도 진학률은 감소할 것이라고 예측해 본다.

응하지 못하는 가장 큰 위기 요인일 수도 있다.

이러한 거대한 움직임에 따른 큰 리스크가 존재함에도 우리나라 대학의 재정 상황을 고려할 때 현재 선도적이고 능동적으로 대처하고 있는 대학은 없다고 해도 과언이 아니다.

이러한 위기에 따라 대학은 교육 혁신과 대변혁을 동반해야 한다. 많은 미래 학자는 변혁에 따른 대학의 위기를 주장하고 있다. 세계적인 미래학자 토마스 프레이[Thomas Fray]와 경제학자 피터 드러커[Peter Ferdinand Drucker]는 대부분의 대학에서 캠퍼스가 사라지고 전 세계 대학의 절반은 20년 내에 문을 닫을 것이라고 예측했다.

인공지능[AI]이 인간의 감성을 완전히 학습하거나 대체하기에는 어려울지도 모른다. 하지만 가까운 시기에 인공지능이 인간의 능력을 능가하는 시대가 도래한다고 가정해 보자. 그때는 단순하게 지식 습득을 위해 가르치는 현재의 교육 체계는 미래 인재 양성에 적합하지 않을 것이다. 현대 산업의 진화[Modern Industrial Evolution] 시대의 기업이 원하는 교육은 현재와는 전혀 달라야 한다. 곧 동국대학교에서 열정을 다하여 교육 이념으로 표방하고 있는 화쟁형 인재[*]와 같은 인재 양성 교육이 필요하다. 지식 전달은 대화형 인공지능

---

[*] 창의 융합적 사고로 문제를 해결하고 깨달음을 실천하여 인류사회에 공헌하는 인재. 여기서 깨달음의 실천이란 의식 교육의 강화로 융복합적 사고 능력을 갖춘 인재가 사회 문제를 지혜롭게 해결한다는 의미. 출처: 동국대학교 홈페이지 https://www.dongguk.edu/page/75.

(ChatGPT) 서비스가 대신하기에 지식형 인재보다는 지혜형 인재의 시대가 도래한다는 의미이다.

UN 미래보고서는 2030년에 사라지는 10가지 중 하나가 강의실과 공교육이고 전통적인 대학 교실 수업의 90퍼센트는 개방형 온라인 교육으로 대체된다고 밝혔다. 케빈 켈리Kevin Kelly는 100년 전통의 기존 대학은 20년 이내에 사라진다는 극단적인 예견을 하였고, 대화 교수 이현청은 한국의 대학이 2030년에 60개 정도 사라질 것으로 전망하였다(박영숙 & 제롬 글렌, 2016). 따라서 우리는 이러한 대학의 위기에 학생들이 진학을 희망하는 대학으로 혁신해야 한다는 시대적 사명을 완수해야 할 책무를 가지고 있는 것이다.

|2| 대학 교육과 산업 사회가 요구하는 인재상

미래사회의 인재상과 역량

미래 사회가 요구하는 인재상과 역량은 결국 산업 사회가 필요로 하는 역량으로 표현할 수 있다. 기술 혁명에 의한 현대 산업의 진화를 견인하고 있는 인공지능 시대는 인류 정체성과 가치 그리고 존립 그 자체를 걱정해야 하는 가장 큰 혁신적 변화의 시기이다.

기술 통합Tech Integration은 대학 교육과 연구에 혁명적인 변화를 가져오며, 온라인 교육, 가상현실 및 증강현실 활용, 학생 관리 시스템 개선, 대학의 정보화 등을 통해 디지털 전환을 강화해야 한다. 또한, 학생들의 다양한 필요와 상황에 맞게 유연한 학습 형태로 제공이 필요하다. 최근 우리나라에서도 크게 관심을 가지고 정부나 각 대학이 추진하고 있다. 온라인 강의, 혼합 교육, 학습 경로 맞춤화 등을 통해 학생들의 다양한 학습 스타일과 요구를 지원하는 것이 그것이다. 이를 위해 문제 해결 능력, 창의력, 협력 능력을 강화하는 교육이 도입되어야 한다. 여기에 교육 방법도 프로젝트 기반 학습, 시뮬레이션 등 혁신적으로 바뀌어야 한다. 이와 함께 산업과의 협력을 강화하여 산업의 요구에 부응하는 인재를 양성하고 창업 생태계를 발전시키기 위해 산업체와의 연구 프로젝트, 인턴십 프로그램, 기술 협력 등이 함께 추진되어야 한다.

미래 사회에서 요구되는 인재상의 특징은 우리나라 기업들의 요구와 경제협력개발기구OECD의 핵심 역량, 21세기형 스킬 효과 측정 프로젝트ATC21S 등이 제시하는 핵심 역량에서 다소 차이가 있을 수 있지만 큰 맥은 같이한다. 일반적으로 기업이 원하는 인재의 역량은 [그림 2]와 같다.

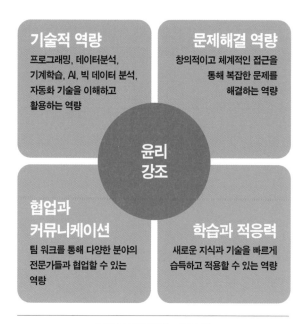

기술적 역량
프로그래밍, 데이터분석,
기계학습, AI, 빅 데이터 분석,
자동화 기술을 이해하고
활용하는 역량

문제해결 역량
창의적이고 체계적인 접근을
통해 복잡한 문제를
해결하는 역량

윤리
강조

협업과
커뮤니케이션
팀 워크를 통해 다양한 분야의
전문가들과 협업할 수 있는
역량

학습과 적응력
새로운 지식과 기술을 빠르게
습득하고 적용할 수 있는 역량

[그림 2] **기업이 원하는 인재 역량**

대학 교육 인재상

〈직업의 미래 보고서The Future of Jobs Report〉에서는 기술 혁신과 자동
화가 직업 구조를 변화시키고, 새로운 직업이 등장하는 반면 일부
직업은 사라지거나 변형될 것임을 강조했다. 디지털화는 전통적
인 직무를 자동화하거나 대체할 수 있으며, 이로써 미래 직업에서
는 문제 해결 능력, 창의성, 비즈니스 지식, 디지털 리터러시와 같

은 소프트 스킬과 역량이 중요해질 것으로 예측된다. 또 기술 통합화된 기술 혁신 시대의 직업에 적응하기 위해서 지속적인 재교육과 스킬 개발이 가능한 교육이 필요하다. 개인에게는 새로운 기술과 트렌드에 따라 스스로를 발전시키고 적응하는 역량 개발 교육이 요구된다. 기술 통합화로 진화된 산업 사회의 직업 시장은 유연한 일자리 형태를 더욱 강조하며, 프리랜서, 계약직, 임시직과 같은 다양한 형태의 일자리가 노동 공급자 측면이나 수요자 측면의 환경 변화로 확대될 것이다.

링크드인^{LinkedIn}(미국의 비즈니스 기반 소셜네트워크 서비스)의 〈내일의 직업^{The Jobs of Tomorrow}〉 리포트에서는 다음과 같이 직업 변화를 예측하였다.

첫째, 기업들은 데이터를 활용하여 의사 결정을 지원하고 경쟁력을 강화하기 위한 데이터 사이언티스트, 데이터 엔지니어 등의 데이터 기반 분석 직업의 증가

둘째, 기계 학습 엔지니어, 인공지능 개발자, 로봇 공학자 등과 같은 인공지능과 자동화 관련 직업 증가

셋째, 의료 기술자, 건강 정보 분석가 등의 역할이 증대하는 의료 및 건강 관련 직업 증가

넷째, 환경 및 지속 가능성과 관련한 직업 증가

다섯째, 미래 직업에서 소프트 스킬인 커뮤니케이션, 문제 해결, 협업

능력 등이 더욱 중요해지고 기술 분야에서 활동하던 사람들이 금융 분야로 이동하거나, 엔터테인먼트 분야에서 기술적 역할을 수행하는 등의 업계 간 교차 직업의 증가

여섯째, 미래의 직업 변화에 따라 개인들은 지속적인 학습과 스킬 갱신을 통해 새로운 역량을 배워야 하며, 산업 트렌드를 따라가는 능력 개발의 필요성 증가

미래의 인재상에서 우리나라 기업, OECD, ATC21S 프로젝트가 분석한 핵심 역량을 기반으로 링크드인의 직업 변화에 맞추면 대학이 양성해야 하는 인재의 교육이 명확해진다. 결국, 대학에서는 도전적 정신을 가진 인재를 육성해야 한다. 더욱이 창의적 사고와 윤리적 판단력을 겸비한 기술적 역량을 가져야 하고 여기에 소통과 협력을 통한 리더십을 발휘하는 인재로 육성해야 한다.

이를 위해서는 첫째, 커뮤니케이션, 문제 해결, 협업, 리더십과 같은 소프트 스킬은 이해 관계자들과 원활하게 협력하며 문제를 해결하는 데 필수적인 만큼 프로젝트 기반 학습, 협업 프로젝트, 산업체와의 협력 등을 통해 학생들의 문제 해결 능력과 현장에서의 역량을 강화하는 이론적·실전적인 교육을 강화해야 한다.

둘째, 프로그래밍, 데이터 분석, 기계 학습 등의 기술을 교육 과정에 통합한다. 디지털 리터러시와 디지털 도구 사용 능력은 중요한 역량이기에 실제 산업에서 사용되는 도구들을 활용한 실습

기회를 제공하여 인공지능과 관련된 기술 및 도구에 대한 기술 교육을 강화해야 한다.

셋째, 인공지능의 발전과 함께 윤리적 문제가 부각될 수 있기에 윤리적 고려와 인공지능의 사회적 영향에 대한 교육을 통해 학생들이 윤리적 판단력을 키울 수 있는 기회를 제공해야 한다.

넷째, 산업체와의 협력을 강화하여 학생들이 실제 산업 환경에서의 문제와 도전을 이해하고 해결하는 데 필요한 역량 개발 교육을 해야 한다. 인턴십 프로그램, 외부 강사 초빙, 현장 실습 등을 통해 학생들을 실무에 노출시키는 프로그램 강화가 필요하다. 이와 관련해 교육부의 지원을 통하여 각 대학이 추진하고 있지만 대학에서는 편제 조정을 통하여 대학 전체적인 프로그램으로 확대할 필요성이 있다.

다섯째, 지금도 많은 대학의 교수학습개발센터에서 추진하고 있는 새로운 기술과 트렌드에 대한 관심을 가지고 지속적으로 이를 습득하며 자신을 발전시키기 위해서 학습 및 자기주도적 학습 능력을 개발해야 한다.

여섯째, 글로벌 시장에서 활동하거나 다양한 문화와 상호 작용할 수 있는 능력을 배양하고, 문화 감수성과 다양성을 이해하는 능력을 개발할 수 있도록 해야 한다. 사실 다양한 문화와 상호 작용하며 다양성을 이해하는 능력은 의식 교육을 통한 잠재 의식의 활성화 없이는 가능하지 않다. 그러므로 의식 차원을 높이는 교육이 선행되어야 한다고 본다.

이러한 모든 역량을 갖춘 인재를 한마디로 '화쟁형 인재'로 정의할 수 있는데, 대학에서는 미래 사회에 공헌할 수 있는 인재상을 가지고 인재 양성을 위하여 최선을 다해야 할 것이다.

동국대학교에서는 2019년에 세계적 연결성Worldwide Connectivity이 강화되는 디지털 연결의 시대Era of Digital Connectivity를 예상하고 동국대학교만이 가진 가치를 실현하면서 기술 통합 시대에 맞는 인재상을 정의하고 교육 혁신을 추진하였다.

메가트렌드로 보는 대학의 위기와 4차 산업 사회가 원하는 인재상으로부터 왜 대학이 변화해야 하는지를 충분히 이해할 수 있다. 클레이턴 크리스텐슨Clayton M. Christensen과 헨리 아이링Henry J. Eyring이 함께 지은 책〈혁신 대학: 안에서부터 고등 교육 DNA 바꾸기The Innovation University: Changing the DNA of Higher Education from the Inside Out〉에서는 대학 교육의 전통적인 모델과 체제를 검토하여 비용 문제와 접근성, 교육 방식의 일반적인 특성, 직업 기술 및 산업 요구와의 불일치, 학위의 가치와 유용성, 전통적인 기관의 비효율성이 대학이 변화해야 하는 이유로 설명하고 있다.

|3| 지금과 다른 고등 교육의 탄생과 선택

교육 공급자 개념을 초월한 복합적 교육 창조

얼마 지나지 않아 기계 지능Machine Intelligence이 인간 지능을 능가할 것이다.

현재의 교육이 단순한 지식 습득을 위한 교육 혹은 지식 전달을 위한 교육이라면 이러한 현재의 교육 시스템은 앞으로 AI 시대에 완전히 혁신될 수밖에 없다. 기계 지능을 통해 습득하는 지식을 응용하고 융합하여 새로운 화쟁형 인간을 육성하고 필요로 하는 산업 사회가 도래한다는 것을 의미한다. 따라서 앞으로 다가오는 기술 혁신 시대Era of Technological Innovation의 교육은 지금까지 진행되어 온 공급자 중심의 교육에서 크게 변화할 것이다. 인공지능의 지식 정보에 어디서든 검색할 수 있는 상황에서 교수자와 학습자의 패턴이 변화할 것이다.

학습 방법이나 교육 과정 그리고 교수자나 학습자 간의 역할도 크게 변화될 가능성이 있다. 또한, 대학과 기업의 협력 관계에서 인재 수요자인 기업의 요구를 수용한다면 교육 제도의 변화는 필수 불가결하다. 미네르바대학교의 사례에서 보더라도 캠퍼스 없는 사회의 도래는 모두가 인정하고 있는 사실이다. 이러한 변화는 보다 수요자 중심의 교육이 미래 사회에서는 적합하다는 것을 말해 주고 있다. 즉 수요자 중심의 교육과 캠퍼스 없는 사회는 교육 시스템 전반에 엄청난 변화를 예고하고 있다.

교육은 항상 미래를 대비해야 하며, 그 본질은 미래 세대를 위한 준비 작업이어야 한다. 수요자인 학생의 요구와 기술 혁신, 사회 패러다임의 변화는 교수의 역할 변화를 기대하고 있다. 이에는 교육 방식의 혁신, 기술 활용 능력 향상, 그리고 학생 중심의 교육 방법론 도입이 필요하다. 비판적 성찰 또한 중요한데, 교육의 질 향상을 위해서는 학교와 교육자들이 자신들의 교육 방식과 내용에 대해 지속해서 반성하고 재검토하는 과정이 필요하다.

국내 대학은 4차 산업혁명 시대에 중요성을 부여하고 있는 '지능 정보 사회' 개념에 주목하고 있다. 2015년 이후 국가와 학계는 이에 관한 활발한 논의를 진행해 왔지만, 구체적이고 실질적인 대응 방안은 아직 제시되지 않았다. 과학기술정보통신부는 4차 산업혁명을 기반으로 한 소프트웨어SW 인재 양성에 큰 비중을 둔 정책을 추진하고 있다. 미래 인재를 위한 교육, 소프트웨어 중심 대학 사업, 혁신 아카데미 도입 등 다양한 계획을 세우고 있으며, 특히 인공지능, 블록체인, 빅 데이터 등의 핵심 기술 분야 인재를 중점적으로 양성하려는 계획을 세우고 있다.

교육 공급자 중심에서 플랫폼 대학으로서 실무 중심의 실험 통합 과목 확대와 함께 현장 기반의 소프트웨어 교육을 강화하고 있다. 기업이 대학에서 직접 교육이 가능하고 장학금을 지급하는 대학과의 협력 체계를 구축한다. 이러한 협력 체계로 학생들이 현장에서 바로 적용할 수 있는 역량을 갖출 수 있도록 교육 방향을 재편하고 다양한 학문 간의 융합과 혁신적인 교육 방식을 추진해야 한다. 대학은 이렇게 교육 공급자 개념을 초월한 복합적 교육을 창조해야 할 시대적 사명을 가져야 한다.

정리하면 미래 사회의 교육 환경은 첫째, 취업이나 창업과 같이 학생이 필요로 하는 수요자 중심의 교육 사회로 변화할 것이고 이러한 수요자의 욕구에 따라 대학은 선택될 것이다.

둘째, 미네르바대학 혹은 사이버 교육과 같이 수요자가 원하는 형태의 수강 환경에 능동적으로 대응할 수 있는 캠퍼스 없는 사회가 될 것이다.

셋째, 지금까지 한 번 직장이 영원한 직장이었던 시대는 지고 개인의 행복이나 환경 변화에 의한 선택적 직업 결정이 일반화하는 시대가 도래하고 삶과 지속적 산업 사회의 일원으로 성장하기 위한 평생 교육 사회가 도래할 것이다.

넷째, 전달자인 챗GPT와 학습자의 중간 학습 촉매로서 교수의 역할이 크게 변화하는 사회가 될 것이다.

다섯째, 평생 교육이 활성화되어 대학의 강의 수익이 증가할 것이다. 이 환경의 변화에 따라 대학 학부 과정에서 배운 전공으로 취업한 이후 새로운 사회의 적응과 선택을 위한 새로운 기술의 학습에 대한 인증을 의미하는 제도나 학제가 필요하다. 즉, 나노 디그리 단기 교육 과정과 같은 인증 형태로 혁신될 것이다. 또 사회가 필요로 하는 인재는 기초 지식보다는 인턴 및 경험 중심 학제의 교육을 체득한 인재가 중심이 되는 사회로 크게 변화할 것이다.

이에 맞추어 한국 대학 교육의 개혁은 불가피하며, 미래의 변화에 발맞춰 학생들을 더 잘 준비시키는 방향으로 빠르게 전환하는 일이 시대적 요구임을 깨닫는 것이 중요하다.

향후 대학이 혁신해야 할 방향은 교육 공급자의 개념을 넘어선 수요자 중심의 융·복합적 교육 창조이다. 대학은 기술적 역량, 창의적이고 체계적인 문제 해결 역량, 협업 역량, 새로운 지식과 기술을 신속히 습득하고 적용할 수 있는 역량, 그리고 윤리적인 측면을 고려한 의사 결정 역량을 함양하는 데 주력해야 한다. 하지만 지금까지의 대학 교육이 이러한 다양한 역량 개발에 충분히 중점을 두지 못한 측면이 있다.

동국대학교에서 미래인재개발원장 재임 시 입학부터 학생들의 개인별 진로, 역량 교육을 실시하기 위하여 드림패스DreamPATH 시스템을 최초로 개발하였다. 드림패스는 그 이후 총장 재임 때까지 미래 인재상에 맞춘 학생의 역량 개발을 위해서 프로그램의 고도화를 추진했던 동국대학교의 고유 프로그램([그림 3])이다.

2014년 당시 학부 교육 선진화Advancement for College Education(ACE) 사

Pathfinding & Analyzing
미래를 탐색 하고, 환경을 분석

Path
재학생의 미래를 준비하는
과정 및 경로

Thinking & Helping
비판적 사고가 가능하도록
학교가 지원

DreamPATH에서 할 수 있는 활동

희망하는 진로 분야를 설정하면 어떤 역량이 필요한지 알 수 있다.

필요한 역량에 얼마나 도달했는지 점검하면서 그 역량을 키우기 위해 무엇을
하면 좋은지 제안도 해 준다.

진로 적성검사 등 각종 검사도 해볼 수 있고, 기업 정보나 취업 정보도
드림패스에 다 포함되어 있다.

입학에서부터 졸업까지 내가 한 활동들을 기록으로 남겨 포트폴리오를 만들
수 있으며 마일리지를 모아 장학금도 받을 수 있다.

출처: 동국대학교 홈페이지

[그림 3] 학생역량통합관리 시스템 드림패스

업의 목표는 역량을 갖춘 리더를 대학에서부터 관리해야 한다는 목
표가 있었지만, 대학에서는 역량 및 이를 관리할 수 있는 시스템이
없다는 것을 파악하게 되었고, 이에 동국대학교만의 역량을 개발하
고 이를 입학에서부터 관리하여 사회가 요구하는 인재를 키우기 위
한 시스템을 개발한 것이다.

드림패스의 의미는 학생들이 꿈^{Dream}을 달성하기 위해 미래를 탐색^{Pathfinding}하고, 환경을 분석^{Analyzing}하며, 비판적 사고^{Thinking}를 할 수 있도록 아낌없이 학교에서 지원^{Helping}하는 것이다.

이를 위해 다음과 같은 단계를 거쳐 만들어졌다.

1단계
역량 진단 도구 및
관리 시스템 개발

1단계에서는 학생 활동 시스템인 유드림스 외 역량 개발을 위한 활동 사이트가 다수였다. 각각의 사이트에서는 학생들의 자발적인 참여를 유도하기 어려웠으며 학사를 제외한 활동 사이트를 통합하여 안내할 수 있는 대표 사이트가 없었다. 그래서 각 활동 사이트의 주요 정보를 선별하여 포털 형태로 제공함으로써, 학생들은 모든 정보를 쉽게 접할 수 있도록 안내하며 학생들의 적극적인 참여 및 활동 유도를 목표로 시스템을 구축하였다.

또한 사회가 요구하는 역량을 갖춘 리더를 만들기 위하여 인재상과 연결하여 동국대학교만의 핵심 역량을 만들고 그에 따른 진단 도구를 개발하여 시스템에 탑재하여 모든 학생이 드림패스를 통해 역량을 진단하고 부족한 역량은 키울 수 있도록 하였으며 이를 졸업 인증제와 연결하였다. 하지만 학생들은 졸업 인증에 대한 부담으로 드림패스를 거부하였고, 각 행정 부서에도 새로운 시스템을 만들어 적용하는 데 거부감을 제시하여 추진 1년 후에 졸업 인증제를 철회하는 곡절도 겪었다. 역량 진단 및 비교과 프로그램을 수행하는 4개 부서만이 참여하여 활동 관리를 하는 처음 의도와는 왜곡된 형태로 진행되었다.

2단계
학생 역량 개발을 위한
성찰 기록 관리 및
포트폴리오 시스템 구축
완료, 상담 시스템 도입

2단계에서는 학생들의 역량 진단 후 학생 스스로 역량 개발 활동을 위한 성찰 기록을 작성할 수 있도록 보완하였다. 이때 학생들은 성찰일지에 따라 비교과 프로그램을 추천하여 학생들이 신청 및 확인할 수 있으며, 온라인 교육을 들을 수 있도록 하였다. 그리고 그 외 외부 활동인 봉사 및 외국어 등 총 10개의 범주를 확대하여 학생들의 포트폴리오를 만들 수 있는 정보를 입력하게 만들었다. 또한 학생들의 성찰 기록을 작성할 때 부족한 부분에 대한 상담 및 코칭을 신청할 수 있도록 시스템을 보완하여 학생 역량 관리 및 포트폴리오 관리에 관심을 기울이도록 하였다.

3단계
모든 부서 비교과
통합 시스템 관리 및
환류 시스템 개발하여
데이터 통합

3단계에서는 학생 역량 관리를 위해서는 한 곳에서 모든 데이터를 관리하여 학생 포트폴리오를 구축해야 한다는 필요성을 제시하고 모든 부서를 통합하여 시스템을 구축하였다. 이때 화쟁형 인재를 만들기 위하여 학생 스스로 문제를 파악하도록 진단(역량 및 진로·

심리 진단)하고 진로 설정을 할 수 있도록 정보를 제공하였다. 진로 설정을 바탕으로 역량 개발을 할 수 있도록 비교과 프로그램 외 사회 봉사, 산학 연계 및 취·창업을 할 수 있도록 학습 지원을 실시하였다. 이때 데이터를 기반으로 외부 취업 데이터베이스와 연결하여 학생들이 입학에서부터 졸업까지 활동들을 기록으로 남겨 포트폴리오를 구축하도록 하였다. 이 모든 것은 총장 재임 동안 유드림스 외에 오직 드림패스에서만 관리하도록 하고 이를 통합 관리하도록 하였다. 또한 모든 프로그램을 관리할 수 있도록 환류 시스템을 구축하여 프로그램 하나하나를 관리하도록 하였다. 또한 학생들에게 동기 부여를 할 수 있도록 마일리지를 누적하여 장학금과 연결하여 학생 참여율을 높이도록 하였다.

4단계

데이터 기반 학생 역량 포털 시스템 및 인증 시스템 구축

현재 4단계에서는 누적된 데이터를 기반으로 사회가 요구하는 인재를 육성하기 위하여 교과 및 비교과를 모두 연결 중이며 그에 따른 인증 시스템을 구축하고 있다. 이때 모든 데이터는 취업한 선배들과 비교하여 학생 스스로 자신의 역량 개발을 할 수 있도록 한다.

이러한 드림패스 시스템을 기반으로 활동을 추진한 결과 다음과 같은 효과를 가져왔다.

- 첫째, 학생들의 역량 관리를 위해 29%의 참여율이 91%로 상승하였다.
- 둘째, 취업률이 54%에서 66.9%로 올랐을 때 드림패스 사용과도 연관성을 보였다.
- 셋째, 학생 데이터 관리를 통해 수요자 맞춤형 학생 지도를 할 수 있게 되었다.

미래 사회에서는 드림패스와 같이 학생의 성공을 위해 대학이 노력해야 한다. 그러나 과거와 같은 교육 방식을 고수한다면 대학의 미래는 없다고 할 것이다. 이러한 측면을 고려할 때 대학은 국가와 기업 그리고 지역 사회와 하나가 되어 그 역할을 분담할 때 미래 인재 육성의 성공을 보장받을 수 있을 것이다.

캠퍼스 공간을 초월한 오픈 대학의 성장

공간을 초월한 대학이 성장할 것이라고 많은 미래학자가 주장하고 있다. 이러한 오픈 대학은 미네르바대학이 대표적인 사례가 되었고 우리나라서도 태재대학교가 최근에 개교하였다. 이러한 추세는 결국 미래 사회의 인재 요구와 육성의 필요성에 따른 필연적인 결과로 여겨진다. 이현청은 '4차 산업혁명과 대학의 미래'라는 저서에서 4차 산업의 교육이 캠퍼스 중심에서 벗어나 캠퍼스 없는 교육 체제로 전환되며, 가상 학습, 증강 학습, 그리고 융합 학습 시대가 도래한다고 전망했다. 미래 교육은 네트워킹 학습, 협약 학습, 자기 재단형 학습, 그리고 경험 중심 학습이 중요한 추세가 될 것으로 예상되며, 대학이 직면한 과제는 이러한 변화에 얼마나 효과적으로 대응할 수 있는가이다.

대학에서 직접 교육을 담당해 온 입장에서 오픈 대학으로 개혁한다고 하더라도 현재 4년 과정의 학제에서 과연 미래 사회가 원하는 인재를 충분히 육성할 수 있을까 하는 의구심이 드는 것은 사실이다. 대학이 새 시대 인재를 육성하기 위해서는 폭넓고 다양한 교육이 필요하다. 전공 교육뿐만 아니라 다양한 분야의 수업과 활동을 통해 학생들의 다양한 역량과 관점을 발전시킬 수 있도록 해야 한다. 창의성과 혁신을 지원하는 환경을 조성하여 학생들이 실험하고 실패를 경험하며 새로운 아이디어를 도전적으로 시도할 수 있는 여건을 만들 필요가 있다. 또한 프로젝트 기반 학습을 강화하고, 학생들이 자율적으로 학습 계획을 세우고 실무 경험을 쌓을 수 있도록 지원함이 요구된다. 산업체와의 협력을 강화하여 산업 동향을 반영한 교육을 제공해야 하며, 학생들이 다양한 문화와 환경에서 학습하고 경험할 수 있는 기회를 제공해 글로벌 시각과 문화 감수성을 향상시켜야 한다고 본다.

이러한 전반적인 교육 과정과 내용을 오픈 대학만으로 과연 가능한가에 대한 의문을 가지는 것은 당연하다. 하지만 이러한 오픈 대학은 기존의 캠퍼스 중심 대학보다 학생인 교육 수요자의 특정한 요구를 충족시킬 수 있는 유연한 체계인 것은 분명하다.

교수와 학습자 간의 역할이 변화되고 교육 과정과 학습 평가 그리고 질 관리 체계가 변화되고 학습 방법 및 교육 제도가 유연하게 변화된다면 새로운 미래 사회를 준비하는 인재 육성의 체계가 마련되었다고 할 수 있을 것이다. 그렇기에 기존의 대학도 이러한 오픈 대학과 같이 정부와 산업체와 협력 체계를 잘 만들어 유연한 제도 개혁을 한다면 최근 흐름의 오픈 대학이 가지는 우수성을 백분 활용하고 현재의 캠퍼스는 미래 교육을 위한 공간으로 새로운 역할을 한다는 전제로 지금의 대학 캠퍼스도 충분히 그 역할을 다하는 모습으로 자리할 것이다.

이것에는 충분한 재정의 지원이나 확보 혹은 지속적인 재정 확충이 보장되어야 하는 것은 두말할 나위도 없다.

그래도 대학은 살아있다

대학의 위기와 관련하여 수많은 미래학자는 캠퍼스가 사라지고 기존의 전통적인 대학은 문을 닫을 것으로 예상한다. 그렇다면 미래 사회의 교육도 필요가 없어서 사라질까? 우리가 사는 사회는 끝없이 새로움을 추구하는 동적인 사회이고 그 변화 속도는 갈수록 빨라져 간다. 이러한 변화 속도에 적응하기 위해서는 지금보다 더 다양한 교육의 기회가 필요할 것이다.

대학을 구성하고 있는 교수나 행정원은 자신들의 수익을 극대화하기 위해서 노력할 것이고, 교육 공무원은 자신들의 의무로 포장된 권리를 위해서 한층 강화된 교육 제도를 기획할 것이다.

수요자인 학생들은 표준화된 대학의 순위나 그들의 소비 욕구를 충족시키는 대학을 선호해 대학 캠퍼스의 존립을 강화할 것이다. 이에 학생들의 대학에 대한 선택적 소비에 대응하여 기업은 채용 선발이라는 방식으로 대학의 존립 강화에 도움을 줄 것이다.

조벽 숙명여대 석좌교수는 "같은 나이대 학생들이 같은 시간 같은 장소에 모이는 3S(same age, same time, same place) 교육에서 아무 시간에 아무 장소에서 학습하는 3A(anyone, any time, any place) 교육으로 바꿔야 한다"고 강조한다. 이렇게 고등 교육을 담당하고 있는 모든 구성원이 그들 나름대로의 소신과 욕망 충족을 위해 노력할 것이며, 이러한 교육을 유지 시키려는 구성원들의 욕망 충족을 위한 행위는 미래로 갈수록 강화될 것이다. 그렇기에 사회적 인재 수요에 맞춘 교육의 개혁은 지속적으로 이루어질 것이다. 단, 과거와의 단절적 개혁일 때 대학은 그 기능을 실현할 수 있고 존재 가치를 인정받을 것이다.

인터넷 플랫폼 원리를 대학도 고민할 때가 되었다. 지금까지는 한 개의 특정 대학에 입학하는 입학 정원만 고민하면 문제가 없었고 그들의 교육을 어떻게 잘할 것인가 하는 것이 고민거리였다.

그러나 이제는 학생만이 아닌 기업에 재직하고 있는 교육 수요자들도 지식, 기술, 학위가 필요하고 나노^{nano} · 마이크로 디그리$^{micro\ degree}$와 같은 단기 교과 인증을 원하고 있다. 아니 앞으로는 더욱 강화될 것이다.

디지털 세계에서 오픈 대학이나 사이버 대학은 이들 수요자에게 플랫폼으로 강좌를 제공하면 된다. 학위나 교과 인증에서 플랫폼 교육 제도를 표준화해야 할 것이고, 대학 경영적 차원에서는 인재 수요자와 교육 수요자의 플랫폼으로서 대학이 설계되어야 하는 부분 또한 간과하지 말아야 한다.

대학은 이러한 전공 교과 과정 이외에도 비교과 부분의 역량 개발과 지원에 최선을 다해야 한다. 대학에서는 학생들에게 자신감을 고취하고 즐거움을 주는 교육 공간이 필요한데, 자신감을 고취하는 방안으로 학생들이 성취감을 느낄 수 있는 작은 성공 체험을 제공하고 프로젝트, 과제, 대회 등을 통해 학생들이 자신의 능력을 확인하고 성취를 경험할 수 있도록 한다. 이 경험을 극대화하기 위해서는 개인의 능력과 성장 영역을 파악해야 한다. 개인화된 피드백을 제공하며 긍정적인 강점을 강조하고 발전이 필요한 부분에 대한 개선 방안을 제시하여 학생들이 더 나아질 수 있는 방향을 보여주는 프로그램이 준비되어야 한다. 멘토링 및 코칭으로 학생이 효율적이고 성공적으로 목표에 도달할 수 있도록 하여야 한다.

미래학자들이 대학의 존폐 위기를 걱정하였지만, 장호성 단국

대학교 총장은 대학 교육 자체가 사라지지는 않을 것이라 하였는데, 이는 중요한 관점이라고 할 수 있다. 교육 과정과 여건이라는 하드웨어가 필수적으로 바뀐다면 이러한 대학의 혁신은 산업 사회와 학생들에게 대학을 여전히 필요한 기관, 새로운 교육을 받을 수 있는 기관으로서 미래 사회의 기반으로 존재하게 해줄 것이다.

2장

대학은 미래 변화에
맞추어져 있는가?

저자는 현재의 대학이 미래 사회의 변화에 맞추어서 변화되고 있지 않다고 단언한다. 현재 사립대학의 위기는 대학이 미래 사회 변화에 맞추어 발전해야 함을 역설적으로 말하고 있다. 다양한 위기에 사립대학은 이 위기를 벗어날 수 있도록 변화해야 한다. 지금까지는 대학에서 배운 것으로 대학을 졸업하면 퇴직까지 유지해 왔으며 충분한 급여도 보장되었다.

미래 사회도 과연 그렇게 지속이 될까? 이제는 대학에서 배운 것은 몇 년 지나지 않아 오래된 지식이 되고 바로 새로운 것에 직면하여 기존의 지식만으로는 학생이 사회 진출하여 살아가기가 점점 어려워지는 급변하는 사회가 된다. 사회의 변화 속도는 매우 빠르다. 한 번 직장이 영원한 직장인 시대는 지났다. 즉 하나의 직업만으로 삶을 영위하는 시대는 지났으며 새로운 사회 변화에 맞추어 새로운 직장으로 옮겨야 하는 시대가 된 것이다.

대학은 과거보다 많은 발전과 변화를 거듭해 와 사회 발전의 기반으로 그 역할을 한 것은 사실이지만 미래 사회는 지금까지 대학이 해 왔던 변화만으로 살아남기는 어려울 것이다. 인구 절벽과 고령화 그리고 디지털혁명이 초래하는 사회 변화와 대학에의 영향은 이루 말할 수 없이 많다. 당장 2040년 기준으로만 보더라도 2023년 입학 정원 대비 우리나라의 68퍼센트의 학령 인구가 줄어 그만큼 대학이 폐교될 것이라는 문제, 그리고 디지털 혁명으로 사회 전반에 다양한 문제를 양산할 것이라는 사실 앞에서 우리 대학은 혁신의 자세가 되어 있는가?

지금 교육부를 중심으로 각 대학에 지원을 통한 변화와 혁신을 요구하고 있지만, 지원하는 교육부나 주체가 되어야 할 대학이 미래 사회 변화의 문제를 얼마나 인식하며 능동적이고 적극적으로 준비하고 있느냐 하는 것이다. 코로나19와 같은 불확실성의 문제는 대학의 재정 문제와 연결된다. 이처럼 언제든지 발생할 수 있는 다양한 사회 문제를 고려해 볼 때 과연 대학은 미래 사회 변화에 잘 맞추어져 있는가를 이 장을 통해 생각해 본다.

|1| 디지털 혁명과 미래 대학 변화

일자리와 관련한 위기

교육부와 한국교육개발원의 분석 발표에 의하면, 2019년 우리나라 대학·대학원 등 고등 교육 이수율이 경제협력개발기구^{OECD} 가입 국가 중 높은 편에 속한다고 발표했다. 성인(25세~64세)의 고등 교육 이수율은 50퍼센트이며 OECD 평균 39.6퍼센트보다 높았다, 특히 청년층(25~34세) 고등 교육 이수율은 69.8퍼센트로 OECD 회원국 평균 45퍼센트를 크게 앞서 최상위권인 2위를 차지했다.

4차 산업 시대에는 첨단 분야 전문가들의 수요는 늘어나고 대우 또한 매우 높아질 것이다. 반면 인공지능이 대체하는 다양한 분야의 노동력 변화로 일자리는 줄고 일용직과 계약직 형태의 고용 관계가 증가하면서 대우는 상당한 수준으로 낮아질 것이다. 이를 뒷받침하는 변화 사례는 우리 주변에서도 어렵지 않게 찾아볼 수 있다. 슈퍼마켓이나 식당 그리고 다양한 공장에서 흔히 볼 수 있는 인공지능 로봇의 도입은 일자리가 감소하는 위험 요소로 인식되고 있다. 여기에 MZ세대 나아가서는 Z세대의 행복 추구와 독립성을 추구하는 라이프스타일과 사고 방식도 이러한 변화에 윤활유 역할을 충분히 하고 있다.

또 디지털 혁명으로 더 이상 대학의 물리적 공간은 큰 의미가 없고 인공지능으로 지식 습득이나 전달은 충분히 대체될 것으로 보는 시각은 결국 대학 진학에 매력을 느끼지 못하는 수요자의 급증을 의미한다.

이뿐만이 아니라 인구 감소로 인한 학령 인구의 감소는 더 많은 대학이 폐교해야 한다고 데이터는 이야기하고 있다. 자원 빈국인 우리나라가 세계 강대국의 반열에서 어깨를 나란히 할 수 있었던 것은 고등 교육의 인프라인 대학 진학을 통한 인재 육성이 초석이 되었기에 가능했던 것이다. 앞으로 일자리와 관련한 인재를 육성하지 못한다면 미래는 발전과 성장과 국가 안위를 통한 국민 행복을 기대하기 힘들 것이다.

기술 혁신과 교육 위기

4차 산업혁명은 사회 전반에 걸쳐 변화를 초래할 것이고 교육에도 큰 영향을 미칠 것으로 예상된다. 특히 사물인터넷^{IoT}, 빅 데이터, 가상현실^{VR}/증강현실^{AR}, 인공지능^{AI} 등 4차 산업혁명 기술은 교육 현장 및 교수 학습법에 광범위하게 적용되어 이른바 '에듀테크^{EduTech}'로 혁신될 것이다(최연구, 2020). 시대의 요청이 있는 한 인공지능의 도입은 확실하고 그 인공지능은 교실의 수업은 물론이고 평생 학습이나 개인 학습 전반에 걸쳐서 모든 교육 제도나 시스템을 바꾸어

놓을 것으로 생각된다.

맞춤형 교육 콘텐츠가 적용되고 개인별 맞춤형 학습이 이루어지면서 특화된 학습이 가능해질 것이다. 장소에 영향 없이 디지털 기기 사용으로 인공지능 튜터라고 하는 인공지능 학습 프로그램을 활용할 수 있는 환경으로 변화될 것이다. 또 정보통신기술ICT을 기반으로 장소에 구애받지 않는 온라인 교육, 재택 학습 등은 점점 늘어날 것이다. 학생은 이러한 환경에서 산업 사회가 필요로 하는 디지털 네이티브Digital Native로 육성될 수 있는 교육으로 전환되어 갈 것이다. 이러한 변화에 대학은 미래 인재의 육성을 전제로 교과 과정이나 설비나 제도나 방식에 많은 변화를 주어야 하고 이 변화는 결국 대학의 재정적·구조적 혁신을 요구할 것이다.

대학의 단절적 혁신을 위한 방법과 리더십 관련 위기

대학 총장은 고등 교육법 제14조 제1항과 제15조 제1항에 의하면 교무의 총괄과 소속 교직원의 감독, 학생의 지도 임무를 부여받고 있다. 일반적인 총장의 역할이란 대학을 대표하는 지도자로 대학 경영에 관한 결정을 내리고 관리하며, 탁월한 교수자의 채용과 활동을 지원하고, 교육 예산과 대외 기부금을 유치하며, 대내외적으로 대학의 원활한 행정을 추진하며, 정부로부터 발전 기금과 정책 자금 그리고 국책 사업을 유치한다. 이외에도 대학 구성원인 교수,

직원, 학생 및 법인과의 갈등을 조정하고 해결해야 하는 역할이 요구되고, 무엇보다 최근에는 학생들의 눈높이에 맞는 취업의 활성화를 극대화해야 하는 의무를 갖고 있다.

이러한 일반적인 총장의 역할은 대학의 교무, 행정, 재무에 대한 의사 결정에 있지만, 이제는 대학이 가지는 위기를 타파하고 지속적인 성장을 위해서 단절적 사고와 새로운 의사 결정이라는 혁신을 이루어야 할 때가 된 것 같다. 4차 산업 사회의 특징은 초융합, 초스피드, 초연결이다. 이러한 특징이 확대되면 될수록 총장의 역할은 빠른 의사 결정을 해야 한다. 그것은 곧 과거와의 단절적 혁신을 해야만 하고 그 과정에서 기존의 시스템은 발전적 파괴와 봉착하고 구성원의 대부분은 새로운 혁신 시스템에 적응하고 노력해야 한다. 이는 불편함과 고통이 수반될 수 있는 일로서 그 충격을 최소화하는 리더십이 필요하고 그것이 곧 총장이 새롭게 가져야 하는 책무이기도 한 것이다.

대학의 단절적 혁신을 위해서 총장은 보스boss가 아닌 리더leader로서 최선을 다해야 할 것이다. 그것은 곧 4차 산업 사회에 맞는 대학의 시스템 혁신 내용을 정확하게 기획하고 그 변화와 혁신을 주도하며 구성원의 참여와 협조를 독려하면서 데이터 중심의 의사 결정을 할 수 있도록 그 구조인 시스템을 만들고 활용해야 한다는 것을 의미한다. 그러나 지금 우리나라의 대학은 이러한 방향에서 종합적인 커뮤니케이션을 가질 수 있는 조직이 아니다. 대학의 구성원들이 자기 중심적이고 폐쇄적이며 미래 지향적으로 행동하지 않는 환경이 미래 우리나라의 대학 위기를 초래할 것으로 보인다. 물론 대학 경영자인 총장을 중심으로 한 대학 경영의 방식에서 교육만 전담하던 교수가 총장이 되어 하루아침에 대학을 변화시킨다는 것은 결코 쉬운 일이 아니다. 그렇지만 총장이 되면 구체적이고 정확한 미션과 목표를 가져야 하고 그 목표 달성을 위해서 관리 도구나 아이디어를 모두 총장의 책임하에 개발하고 추진하여야 할 것이다.

동국대학교를 사례로 든다면 본인의 경우 총장이 되어서 재직 중 〈중앙일보〉 평가 17위에 머물렀던 대학을 10위 안으로 끌어올리겠다는 목표로 기관연구Institutional Research(IR) 시스템을 개발하여 경영에 적용한 결과 재직 중의 평가에서 9위까지 끌어올린 성과를 올렸다.

단절적 혁신을 위해서 구성원을 설득하고 구성원 모두의 인정을 받을 수 있도록 명확하고 정리된 시스템 아래 모두가 합심하여 대학 발전을 위해 노력한 결과라고 본다. 이제는 총장도 국가 인재 육성을 책임지고 대학의 최고 경영자로서 그 역할을 다해야 한다.

|2| 사회 변화와 미래 대학 변화

지금까지의 대학은 인간 사회의 발달과 그 맥을 같이 해왔다. 그러나 미래는 어떨까?

　미래는 학생이 대학에 진학하는 것이 현대 사회에서 형성되어 있는 바 급여 상승이나 중산층과 상류층 사회의 계층 이동이나 유지를 위해 진학하는 상황과는 많이 달라져 있을 것이다. 우리 학부모나 학생들은 일반 사람들이 피트니스 센터에 등록해서 자신의 건강이나 욕구 충족을 위해 서비스를 받는 정도로 생각할 수 있다. 그런 이유로 대학의 등록금도 지금보다는 고도화된 정보 서비스를 받아보는 수준으로 수렴될 수도 있는 것이다.

진학률 감소로 인한 재정 문제 관련 위기

우리나라는 세계 어느 나라보다도 교육열이 높은 국가이다. 4차 산업 사회에서는 이러한 높은 교육열이 세계의 리더 국가로 도약할 수 있는 중요한 요소 중 하나이지만, 문제는 교육열에 비해서 대학 교육 시스템의 질이나 국가 교육 경쟁력 혹은 대학 교육 경쟁력은 높지 않다. 이것은 교육 수요자나 미래 인재의 교육에 대한 욕구를 충족시킬 만큼 충분한 준비가 되어있지 않음을 의미한다. 지금의 교육열을 유지하고 진학률 또한 유지하기 위해서는 불확실성이 증대하는 미래 사회에서 등록금 문제는 매우 큰 쟁점이 될 수 있다.

학비 상승과 관련된 문제는 오랫동안 존재해 왔지만, 최근 몇 십 년 동안 이 문제가 더욱 도전 과제로 간주되는 이유는 여러 가지가 있다. 미래 사회에서 대학 교육은 디지털 혁명에 대비해서 투자해야 하는 것만큼 높은 경제적 부담을 가질 것이다. 등록금 상승을 초래하는 다양한 요인이 존재하는 만큼 대학은 등록금을 상향 조정하지 않을 수 없다. 결국 이전에 비해 대학에 진학하고 졸업하는 데 필요한 자금이 증가할 것이고 이로 인한 학비 상승은 학생들과 가정에 더 큰 경제적 압박을 가하는 결과를 초래하게 된다.

현재까지는 사회에서 경제적 불평등과 사회적 이동의 중요성이 더욱 부각되었으며, 대학 교육은 경제적 이동과 사회적 발전을 위한 핵심 수단으로 간주되기에 학비 상승 문제가 더욱 중요한 도전 과제로 인식된 것이다. 그러나 이러한 기조는 행복의 가치 기준이 변화하고 자기 중심의 의사 결정이 일반화되는 미래 사회에서 어떻게 변화할지 쉽게 예단하기는 어렵다. 인터넷과 정보 기술의 발전으로 인해 학생들은 다양한 정보와 학습 자료에 더 쉽게 접근할 수 있게 되어 학교 외부에서도 학습이 가능해졌다. 그럼에도 불구하고 학비는 높아져 학부모들은 대학 교육의 가치와 경제적 비용 간의 균형을 더욱 고민해야 한다. 경제 변동이 불안정한 사회에서 취업 기회와 경제적 보장을 확보해야만 하는데 대학 교육이 비싼 등록금과 시간을 들일 만큼의 가치가 있는가? 이 문제는 대학이 혹은 정부가 머리를 맞대고 고민해야 할 것이다.

대학의 재정은 크게 등록금, 국책 사업비와 교수 연구 간접비 수익, 공간 대여 및 이자 수익, 기부에 따른 대학 발전 기금, 교육 수익으로 나눌 수 있다. 이 재정 수입 구조에서 우리나라 사립대학의 예산 구조에서 경상경비의 가장 높은 비율을 차지 하는 것은 등록금으로 대략 전국 대학 평균 53.6퍼센트 정도이다(대학 재정알리미). 여기에 미래는 정보 기술의 혁신과 디지털화로 학습 공간의 경계가 허물어지고 오픈된 인증 시스템이 기존의 대학 학위를 대체하면서 대학의 등록금 또한 수요와 공급의 원리에 의해서 등록금이 낮아질 것이다.

결국은 현재 우리나라의 구조상 사립대학은 충분한 학생의 확보 없이는 발전하기 어려운 구조이다. 많은 학자나 대학 관계자들은 대학의 등록금을 자율화하여 등록금을 상향 조정할 필요가 있다고 하지만 대학 등록금은 올리기 어려울 것이다. 여기에 정부의 고등 교육 투자 규모도 2023년 기준 학생 1인당 고등 교육 공교육비는 경제협력개발기구 회원국 평균 대비 67.5퍼센트 정도(국회예산정책처, 2023)이기 때문에 미래를 대비한 혁신적 시스템 구축에 투자할 수 있는 예산은 없다고 할 수 있다.

결국 이러한 대학 재정의 부실은 사립대학의 교육 여건 부문에서 교수의 교육과 연구 환경 악화, 학생 활동 지원 악화, 교과 과정 이외의 비교과 활동 악화, 교수와 학생 창업 지원 악화 등으로 나타난다. 대학 경쟁력은 갈수록 약화되며 미래 사회의 인재 육성에서 그만큼 뒤처지게 될 것이다. 이런 미래 변화에 과연 대학은 충분히 맞추고 준비하며 노력하고 있는지 살펴봐야 한다.

저출산 고령화로 표현되는 인구 절벽 문제는 우리나라 대학 위기의 가장 근본적인 문제라고 생각된다. 통계청 자료에 의하면 2021년 출생자 전체인 26만 명이 고교 졸업자가 되어서 대학에 진학한다 해도 2023년의 입학 정원 472,688명에 크게 미치지 못하는 학령 인구의 변화가 발생하고 이를 2040년을 기점으로 현재의 대학 진학율로 생각하면 26만 명 고교 졸업자의 68퍼센트로 대학 진학 학생이 감소한다.

인구 감소로 인한 입학자 수가 급감하고 디지털 혁명으로 진학률도 감소한다면 국가 인재도 감소하는 악순환 고리가 형성된다. 국가의 성장과 발전에도 영향을 미칠 뿐 아니라 대학 존립의 위기도 염려하지 않을 수 없다. 이 위기는 지역 발전과 존립에도 지대한 영향을 미칠 중대한 문제일 것이므로 지방 자치 단체가 지역 대학의 문제에 적극적인 지원과 대책 실현을 위해서 참여해야 한다는 이유가 여기에 있는 것이다.

우리나라는 수도권 중심으로 인구나 산업의 편제가 이루어져 지역 불균형 문제가 심각할 것이다. 또한 68퍼센트로 진학 수가 감소한다고 했을 때 국가 경제의 규모나 산업 구조의 변화에 맞춘 인재의 공급이 어려워진다. 인구 문제와 대학의 위기로부터 인재 육성이라고 하는 고등 교육의 주체인 대학의 발전을 위한 국가적 지원이 필요한 이유가 여기에 있는 것이다.

사회 변화와 관련된 위기

세상의 변화는 대학의 교육 시스템을 바꾸게 한다. 디지털 혁명으로 시작되는 시스템의 변화에는 결국 인터넷을 통한 교육 플랫폼의 시작에서부터 무크^{MOOC}(대규모 온라인 공개 강좌), 테드^{TED}와 같은 강의로 안일한 교과서 중심의 강의를 벗어나 훌륭한 강사와 강의 내용으로 교육 수요자들에게 침투할 것이다. 시공을 초월한 다양한 교육 방식은 현재 교육 방식에 비해 대학의 경상비를 증가시킬 것이고 현재의 비용 구조 속에서는 경쟁하기 어려운 환경을 만들 것이다. 대학이 세계의 우수 강좌를 묶어 한 전공의 교과 과정으로 설계하는 새로운 교육 체계 앞에서 현재 우리나라 대학은 세계와의 경쟁 구조 속에서 존립을 두려워해야 하고 국가 고등 교육이 세계의 우수하고 강력한 기술과 자본에 먹히고 말 것을 우려해야만 한다.

우리나라처럼 대학의 평균 고정 비용이 아주 큰 비율로 가용비용이 적고 학생등록금 비중이 53.6퍼센트(대학 재정알리미) 이상인 경우 새로운 교육 시스템의 변화에 능동적으로 대처하기에는 재무적 비용 부담이 너무 크다. 현재 우리나라 사립대학 중에는 미래를 위한 설비 투자가 가능하도록 충분한 발전 기금을 축적하고 있는 곳은 없다고 해도 과언이 아니다. 설령 몇 개 대학이 있다고 하더라도 사립대학의 운영 구조상 매우 어려운 현실이다.

문민정부 이후 고등 교육의 양적 성장을 추진하는 과정에서 질적으로 성장할 수 있는 자율적 경쟁 체계를 구축하는 데 소홀히 하였던 부분을 간과하기 어렵다. 우리나라의 교육 경쟁력과 대학의 교육 경쟁력을 세계와 비교할 때 데이터 상의 차이는 극명하다. 즉, 세계경제포럼에서 '고등 교육 및 훈련' 영역의 교육 시스템 평가에서 25위를 기록하였고 국가 경쟁력 순위는 낮아지고 있다.

학령 인구 감소로 등록금의 감소와 사회 변화에 적응하고 경쟁 우위를 점하기 위한 투자로서 경상비는 오히려 증가시켜야 하는 대학의 환경은 실로 무한 위기에 직면해 있다고 할 수 있다.

결국 이러한 대학의 구조는 현재 국제 사회의 대학 경쟁률과 비교하면 크게 떨어져 있고 갈수록 그 차이는 재정적 부담으로 인해 벌어져 갈 것으로 판단된다. 교육 시스템의 새로운 전환이 요구하는 재무적 준비가 무엇보다 필요한 시점이다.

대학 교육 방식의 위기

캠퍼스의 교육 활동 방식의 모습에서 전통적인 기존의 대학이 자취를 감추는 것은 현재 대학을 구성하고 있는 관계자들의 생활 유지를 위해서도 어려운 일이기에 국가의 권위나 포괄적인 문화적 습관이 존재하는 한 지속적으로 성장시키고 유지 발전시키기 위해서 노력할 것이다. 그렇지만 미래 사회로 가는 과정에서 현재의 시스템은 여러 번 파괴적 혁신을 통한 변화를 경험할 것이고, 요즘 흔히 얘기하고 있는 열린 캠퍼스 즉 현실적 공간과 가상 공간에 예측하기 어려울 정도의 많은 대학 교육 시스템이 생겨 날 것이다.

학생들은 전통저인 기존의 대하에 진학할 것인지 포괄적인 교육 시스템의 문화적 습관을 포기하고 새로운 시스템에 도전할 것인지 선택해야 할 것이다. 대학이 교육에 대한 책임을 다하지 않고 특히 대학원 과정에서 배운 경험을 특별한 교수법의 훈련을 받지도 않은 교수의 지식 전달 방식만 고집하는 현재의 대학 교육 시스템이라면 학생들은 큰 고민 없이 오픈 대학을 선택할 것이다. 그러나 과거로부터 발전을 거듭해 온 대학은 이러한 변화의 요구 속에서 현재 교육 시스템의 강점을 살리고 비용을 최소화하여 계속 성장할 수 있도록 발전 모델을 기획해 낼 것이다. 대학 교육 관계자들은 그러한 역할에 충분히 단련되어 교육 수요자들을 기만할 수 있는 체계를 구체적으로 설계하고 절묘하게 발전시켜 왔기에 단절적 혁신과는 차이가 큰 형식의 대학 교육 방식을 고수할지도 모른다. 이러한 진정한 혁신이 없는 변화는 미래에 큰 위기를 초래하게 된다고 할 수 있다.

대학 교수의 역할 위기

미래학자 중에는 교사는 없어질 직업으로 예측하는 경우가 많다. 특히 세계미래학회World Future Society는 〈미래에 사라질 10가지Top 10 Disappearing Futures〉라는 제목의 특별 보고서에서 15년에서 20년 후에 사라질 것으로 예상한 여러 리스트 중에 '교육 과정Educational Processes'도 포함하였다. 여기서는 표준화된 통합형 교육 모델이 사라지면서 맞춤형 학습이 일반화되어 교수도 함께 없어진다고 예측한 것이다. 앞에서도 언급했듯이 닫힌 캠퍼스가 그대로 존립하고, 대학이 미래의 인재 육성에 있어서 미래 인재상에 맞추어 보면 비교과에서 요구되는 교육이 강조되는 만큼 교수는 존립할 것이다. 교수법의 변화로 혹은 코칭 역할을 하는 교수의 필요로 지금의 수보다는 적지만 교수는 계속 존속할 것으로 생각된다.

그러나 급변하는 미래 사회에 교수가 교수로서의 정체성을 유지하며 존속하기 위해서는 시대의 흐름을 수용해야 한다.

과거의 역사에 비추어 볼 때 한 사회가 발전하고 성장하며 유지하기 위해서는 교육의 기능과 역할은 매우 중요하다. 미래 사회에서 우리는 지금의 사회 구성원에 인공지능이 추가되어 그들과 함께 살아야 한다. 이때 현재의 사회화 행동 양식은 지금과는 많은 부분 달라질 것이고 새롭게 변화되는 사회화 과정에서 가장 중요한 것이 교육이다.

지금까지의 역사를 볼 때 지구적 트렌드의 변화에 적응하고 새로운 사회 건설에 대학이 그 나름의 역할을 다해 왔다는 것을 부인하기 어렵다. 따라서 인간 혹은 인공지능은 사회적 존재로서 사회가 존속하는 한 이들에 대한 교육이라는 사회적 기능이 사라질 수는 없다. 결국 사회화를 위한 교육은 유지될 것이고 그 방식이나 시스템이 변화됨에 따라 교수자의 역할 변화는 반드시 따라올 것이다.

현재 속도로 디지털화가 진행되고 소프트웨어가 사회 전반에 확산된다면 앞에서도 언급했듯이 캠퍼스라는 공간이 단지 지식을 전달하는 수업을 위한 물리적 장소가 아니라 비교과 부분과 사회화 공감과 협력 등 활동에 대한 습득으로서 공간이 필요하다. 교수자는 시간과 공간에 구애받지 않고 새로운 교육 과정의 변화와 함께 그 역할이 변화될 것이고, 코치로서 멘토로서 상담자로서 미래 인재상의 역량 향상을 위한 새로운 교수법을 가진 모습으로 변화될 것이다.

교수자는 지금의 대학에 재직하는 교수만이 그 역할을 하는 것이 아니라 기업의 전문가나 연구자 혹은 재직자가 실용적인 교육을 담당하여 현재의 재직 교수자 수는 학생에 비례해서 줄어들 것이다. 미래의 교육 과정은 지금보다 한층 더 유연해질 것이고 개별 학교나 학생 그리고 교수자들은 더 많은 자율성을 갖게 될 것이다.

이러한 교수와 교육의 구체적인 새로운 패러다임은 활동 중심 학습, 자기 주도적 학습과 맞춤형 교육, 현장 경험과 적용, 다양성과 포용성이 강화될 것이라고 한다. 학생들이 실제 문제를 해결하고 협업하며 창의적으로 생각하는 기회를 제공하는 활동 중심 학습은 학생들에게 프로젝트 기반 학습, 현실 세계의 문제 해결, 실무 경험 등을 통해 실제 역량을 개발하고, 적용하는 기회를 부여하게 될 것이다. 또 자신의 관심사와 목표에 맞춰 교육 경로를 설계하고 관리하는 개별적인 학습 경로를 허용하고 자기 주도적 학습을 지원하여 학생들이 더 나은 학습 경험을 얻을 수 있도록 하며 실제 현장에서의 경험과 실무를 제공하는 것의 중요성은 인턴십, 산업 협력 프로젝트, 실제 문제 해결 경험 등을 통해 학생들이 이론을 실제 상황에 적용하고 현실적인 역량을 키울 수 있도록 도와줄 것이다.

이외에도 교육 패러다임은 학생들의 다양성을 존중하고 포용하는 환경을 조성하는 형태로 변화시킬 것이고 다양한 배경과 관점을 고려하며 협업하고 의사 소통하는 능력을 개발하는 기회를 제공하여 학생들에게 글로벌 시각과 문화 감수성을 키울 수 있게 할 것이다. 그리고 기술의 융합과 혁신 기조에 맞추어 학생들에게 맞춤형 학습 경험을 제공하는 방법으로 온라인 교육, 학습 분석, 개별 맞춤형 학습 플랫폼 등을 활용하여 학생들의 참여와 학습 결과를 개선하는 형태로 변화될 것이다.

지금의 평가 제도는 학습 결과를 다양한 방식으로 단순한 시험

성적뿐만 아니라 프로젝트 결과, 협업 경험, 창의성 등을 평가하여 학생들의 역량을 반영하는 평가 방식으로 변화될 것이다. 지금까지 교수는 대학원에서 배운 지식을 전달하는 데 최선을 다했지만 적어도 교육에서는 교수들도 이제는 문제 기반 학습Problem-Based learning, 프로젝트 기반 학습Project-Based Learning, 팀 기반 학습Team-Based Learning과 같은 액티브 러닝과 플립 러닝Flipped Learning, 그리고 지식 공간에서의 평가와 학습ALEKS, 지와이북스zyBooks, 메타버스 활용 수업, 대화형 인공지능(ChatGPT) 활용 수업과 같은 인공지능 기반 적응형 학습 등의 교수법을 수강하여서 미래 인재상에 맞는 교육 기법을 반드시 도입해야 한다.

|3| 교육 공급 기관에서 플랫폼 대학으로의 미래 변화

지금까지 대학은 대학을 설립하고 교과 과정을 만들어 입학하는 학생에게 교육을 시켜 스스로 취업하게 하는 교육 공급 기관 역할을 했다고 한다면 이제부터는 학생은 교육 수요자이고 기업은 대학 교육을 마친 인재 수요자라고 할 때 이들 수요자를 매개하는 역할 기관으로 교육 플랫폼으로서 대학이 바뀌어야 한다.

대학 재정 위기

미래 대학 위기의 한 축은 여러 가지 이유로 재정적 리스크로 보인다. 인구 절벽과 기술 변화로 인한 입학생 수의 감소, 사회 변화에 맞춘 정보 통신 설비와 같은 하드웨어적 비용 증가 등 고정 비용의 증가는 대학의 경영을 어렵게 할 것이다.

학생과 부모들의 사회적 요구는 등록금의 하향 평준화를 기대할 것이고 특히 학생 수 급감과 급격한 기술 변화에 맞춘 진학률 감소는 대학 재정에 엄청난 부담으로 작용할 것이다. 이러한 난제를 해결하기 위해서 대학은 학습과 교수법에 대한 패러다임의 변화도 추진해야 하지만 지금까지 단순히 공급자로서 진학하는 교육 수요자에게 일률적으로 정해진 전공 교육을 해서 졸업시키면 그 역할을 다하였다고 생각해 왔다. 이제는 이러한 틀을 벗고 수요자의 욕구와 수요를 정확히 파악해서 교과 과정을 설계해야 한다.

기업은 대학과 연계하여 기업에 맞추어진 실용적인 교육을 요구하고 교육에 적합한 전문가를 학교에 겸임교수 형태의 자격으로 강의를 할 수 있도록 파견함이 적절하다. 기업은 대학에 장학금을 지원하고, 수혜자는 현재 국가의 학군사관ROTC 운영과 같이 지원받은 적정한 기간만큼 그 기업에 취업해야 하는 방식의 대학은 교육 수요자와 인재 수요자의 매개체 플랫폼으로서 새롭게 혁신되는 것이다. 이렇게 할 때 현재는 대학을 졸업한 학생들이 구직난으로 힘든 시간을 보내고 있지만, 미래는 기업의 구인난으로 산업 시스템에 위협을 받을 수 있다. 이러한 미스매칭을 해결하기 위해서 기업과 대학과 정부가 연계하여 플랫폼으로서 대학을 혁신해야 한다고 본다.

플랫폼으로서의 대학 운영은 기업의 구인난 해소와 채용 후 실무 교육으로 인한 시간과 비용의 절감 효과를, 대학은 학생의 장학금 증대와 교원 인건비 절감 및 실용적 교육을 위한 간접적 교수 채용 효과를 창출할 수 있다. 그리고 학생 측면에서는 구직난에 얽매이지 않고 졸업과 동시에 취업할 수 있으며 부모의 교육비 부담도 절감할 수 있다는 효과가 있다. 이를 위해서 정부는 국가교육위원회와 교육부, 기업은 전국경제인연합회(전경련)나 중견기업연합회와 중소기업연합회, 대학은 한국대학교육협의회(대교협)와 국공립 및 사립대학 교수 협의회가 새로운 거버넌스를 만들어 상호 협력 체계를 통해서 노력해야 할 것이다.

대학 공간 위기

앞으로 열린 캠퍼스에서는 공간이 가지는 의미가 전혀 다르게 다가올 것이다. 물론 닫힌 캠퍼스는 유지 발전되어 다른 의미의 공간 활용으로 변화되어 가겠지만 지금과 같은 강의실의 용도는 많이 퇴색되어 갈 것이다. 물론 융합 교육이나 융합 프로그램이 일반화되는 미래는 초연결 사회로서 장소나 시간에 구애받지 않는 학습 형태가 대세로 자리하겠지만 학습 코칭이 발전하는 미래는 그 나름 교실의 가치도 유지될 것이다. 물론 이것은 학부 과정의 수업에 국한된 변화 예측이다. 현재의 특수대학원, 전문가 과정, 평생교육원의 다양한 과정과 기업이 원하는 재교육 등은 대부분 온라인 수업으로 진행되지 않을까 생각된다. 그러한 의미에서 교실도 마찬가지일 것으로 판단된다. 지금처럼 교실이라는 공간에 모여서 교사는 지식 전달을 위해 일방적으로 가르치고 표준화된 평가 기준으로 학생들을 평가하며, 학생은 이해하고 암기하며 주어진 교육 과정에 따라 흥미롭지 못하고 무관심하며 어떤 사명감으로 학습하는 등 천편일률적인 고전적 교육 방식이 지속되지 않을 것임은 분명하다.

학교의 편제나 교육 과정 등 교육의 전통적인 개념이 변화함에 따라 미래 학교는 완전히 디지털 기반으로 재설계되리라고 본다. 현재 교실에 있는 모든 자재나 자료는 디지털 혹은 모바일로 대체되고 전자 칠판은 물론이고 가상현실/증강현실 프로그램, 인공지능 등 첨단 기술들이 도입됨으로써 미래 교실은 집단 지성, 협업 중심 프로젝트 학습으로 전환되는 스마트 교실로 변화할 것이다(최연구, 2020). 여기에 비교과의 역량 개발이 더욱 중요해지는 만큼 미래의 인재상에 맞추어진 인재 육성을 위한 맞춤식 캠퍼스 공간으로 거듭날 것이다.

대학 졸업장 가치 변화의 위기

대학에서 과정을 이수한 학생들에게 부여되었던 졸업장이나 학점은 앞으로 어떤 의미로 존재하게 될까? 본인을 포함한 현재 대부분의 사람이 학점이나 졸업한 대학명이 기재된 졸업장으로 평가받아 왔다고 해도 과언이 아니다. 특히 우리나라의 경우 학연, 지연, 혈연을 중요하게 생각하는 사회에서 졸업장은 개인을 표현하는 대표적인 증명서이다. 배우자를 만나는 경우나 취업하는 경우 이외에도 대부분의 삶 속에 이 졸업장은 따라다닌다. 그리고 중산층이나 상위층으로 계층 이동을 위해서도 꼭 필요한 증명서가 된 것이다. 그러나 미래는 대학 정규 졸업장보다 현장에서 실질적으로 필요한 지식 및 첨단 기술을 이수하면 받게 되는 단기 과정의 이른바 '나노 학위Nano Degree'가 더 보편화될 수도 있을 것이다.

미래에는 정보 기술의 발달에 따른 디지털의 확산이 교육 방식을 변화시킬 것이다. 학습자는 회사에서든 집에서든 여가를 즐기는 과정에서든 수요자의 욕구를 충족시키는 과정이나 프로그램에 등록하고 이수를 확인하는 인증서가 더 큰 역할을 할 것이다. 앞으로 기업에서는 그 기업이 필요로 하는 기술이나 능력을 위한 프로그램 이수자를 선호하고 수시로 선발하는 방식을 견지함으로써 경영 효율성과 기업 경쟁력을 확보하고자 할 것이기 때문이다.

이러한 열린 캠퍼스의 중심에 평생 교육의 활성이 있다고 본다. 지금까지 대학은 모든 지식을 정리하여 교육하는 집합체이고, 인간 문화를 생산하는 출발지였다. 대학은 개인에게 모든 분야의 기초를 습득하게 하고 활동할 수 있는 교육을 표준화시켜 고등 교육이라는 상품을 가장 이상적으로 사용하는 기관으로 성장해 왔다.

그러나 앞으로는 전통적인 대학 졸업장은 의미가 없다. 대신 열린 캠퍼스를 통해 원하는 것을 적시적소에 취득하는 인증서가 필요한 시대가 된 것이다.

플랫폼 대학으로의 변화

미래에는 신지식과 새로운 기술의 혁신으로 지식과 기술은 하루가 다르게 개발되고 사업장에 적용된다. 그렇기 때문에 기업에서 승진이나 직업 전환을 위해서는 빠른 변화에 능동적이고 적극적으로 대처해야만 하는 지식과 기술을 습득해야 한다. 또한 퇴직 이후에도 새 지식과 기술 습득이 필요하며 그것은 평생 학습의 차원에서 이루어져야 한다. 대학을 졸업했거나 하지 않았거나 취업 후에도 각기 다른 가치 실현 추구에 따라 적어도 4~5차의 재교육이 필요한 시대가 도래할 것이다. 대학은 이렇게 확장된 평생 교육에 다양한 주제의 고품질 교육 콘텐츠를 제공하고 대규모 참여와 개방적 접근을 위해서 설계된 과정인 대규모 온라인 공개 강좌Massive Open

Online Course (MOOC)나 혹은 나노·마이크로 디그리$^{nano \cdot micro \ degree}$ 같은 단기 학위 과정의 교육 증명을 제공하고 있다.

끊임없이 변화하는 기술 변화에 따라 대학은 어느 특정 시기만이 아니라 개인 역량을 위한 지속적인 교육 프로그램을 제공해야 한다. 지금의 대학은 평생교육원과 같은 조직으로 교육 공급 차원에서 스스로 수강하러 오는 사람에 대한 교양과 사교적 수준의 교육만을 제공하고 있다. 앞으로는 대학 경영 조직의 한 축을 평생학습에 두고 대학 수익의 새로운 창구로 고려할 수 있도록 그 구성 요소와 실행 방식을 전면적으로 새로 짤 필요가 있다.

인구가 고령화되고 디지털 혁명이 산업 사회 전반에 일반화되면 대학의 수입원도 등록금 수익에 더하여 평생 교육 부문의 관련 강의 수익이 예산 구조상 큰 비율로 차지할 것이다. 지금부터 대학은 이러한 평생 교육을 위한 강의나 커리큘럼을 새롭게 준비해 가야 할 것이다.

앞으로 우리 세계는 기술 혁명에 따른 최첨단의 기계가 사회를 변화시킬 것이고 그 변화 속도는 예측하기 어려울 것이다. 그렇지만 우리는 이 변화에 적응 혹은 선도해야 하는 숙명을 가지고 있다. 고등 교육은 지금까지 닫힌 캠퍼스 속에서 교육 공급자로서 하던 역할을 플랫폼 형태의 조직으로 혁신하고, 개인에게 맞춘 수요자 중심 교육으로 진화할 것이다.

|4| 전공 중심에서 초월 전공의 대학 패러다임 변화

전공을 버려라

저자는 이 책의 제목을 "전공을 버려라"라고 말한다. 이것은 단순히 자기 전공을 버리라는 의미만은 아니다. 사회의 급속한 변화가 예측되는 시대에 '전공'이라는 작은 틀은 쓰나미에 쓸려 사라지는 나무 조각일 수 있다. 우리는 나의 전공만이 아니라 부서의 영역, 가치관의 틀을 넘는 '버림'을 실천해야 할지 모른다. '버림'으로써 더 큰 영토를 얻을 수 있다. 지금까지 대학 교육에서 패러다임의 지속적인 변화에도 불구하고 과연 학생들의 전공과 취업은 일치하고 있는가? 일자리와 전공 불일치는 통계청(2021.5)이 발표한 자료에 의하면 약간불일치 12.3퍼센트, 매우 불일치 40퍼센트로 이 둘을 합치면 52.3퍼센트로 매우 높다.

이러한 대학 전공과 직업 간 미스매치율은 OECD 회원국 중 1위이다. [표 1]에서 보는 것처럼 전공에 맞추어 사회에 진출하는 학생은 2022년 기준으로 36.6퍼센트에 불과하다는 통계청의 사회조사 자료를 보면 과연 우리가 무엇을 해야 할지에 대한 고민을 하지 않을 수 없다.

한국경제연구원은 미스매치가 심한 이유로 대학 정원 규제를 꼽았다. 물론 정원 규제로 인한 새로운 전공의 설치가 어렵기는 하

[표 1] 성·교육수준·직업별 전공 직업 일치도

[표 1] 성·교육수준·직업별 전공 직업 일치도*

[단위 : %]

		2000	2004	2008	2010	2012	2014	2016	2018	2020	2022
	전체	29.3	30.0	37.7	36.3	38.3	36.9	36.3	36.8	37.2	36.6
성별	남자	30.0	30.4	38.5	35.8	37.4	37.0	35.4	37.0	37.1	37.6
	여자	28.5	29.4	36.5	37.1	39.4	36.7	37.4	36.2	37.5	35.8
교육 수준 별	특성화 (구전문계) 고졸	17.4	14.9	20.8	18.4	21.5	18.7	21.1	19.5	22.3	20.2
	대학 (4년제 미만) 졸	35.8	34.8	37.6	35.2	35.9	35.0	32.6	32.9	33.4	33.5
	대학교 (4년제 이상) 이상졸	45.3	44.2	51.6	50.5	49.0	48.1	46.5	46.9	46.8	46.9
직업 별	전문관리직	56.6	58.4	61.1	62.8	66.7	63.1	62.3	64.6	65.1	64.3
	사무직	32.8	31.5	38.3	36.7	37.8	36.7	35.7	32.8	34.7	35.0
	서비스판매직	10.9	10.2	20.0	17.5	19.7	17.3	17.0	19.4	19.8	21.4
	농어업직	20.8	21.6	24.2	20.0	20.6	19.8	24.3	22.0	26.8	20.4
	기능노무직	16.6	16.3	25.0	22.4	22.2	22.5	22.1	23.2	22.3	24.0

출처: 통계청(2023)

지만 대학 내부의 복잡한 사정 즉, 사립대학의 재정적 한계와 폐쇄적이고 변화하지 않으려고 하는 대학 구조적 환경 문제를 배제할 수는 없다. 한국경제인연합회는 실례로 미국 스탠포드대학 컴퓨터공학과 정원이 2008년도 141명에서 2020년 745명으로 5배 증원되는 동안 우리나라는 이제서야 2024년도 일반 대학 첨단 분야의 정

* 대학(교), 특성화고, 마이스터고를 졸업하고 현재 취업 중이거나 과거 취업한 적이 있는 사람을 대상으로 함. / 자신의 전공과 직업이 어느 정도 일치하는가에 대해 "일치하는 편이다"와 "매우 일치한다"는 응답자의 비율로 산출함.

원 조정을 실시하였다. 수도권 대학 19개 학과에서 817명, 비수도권 대학 31개 학과에서 1,012명으로 1,829명 증원되었다고 발표하였다. 분야별로 반도체 학과에서 650여 명, 인공지능 학과에서 190여 명, 미래차·로봇·스마트 선박학과에서 330여 명, 바이오학과에서 260여 명이 증원된 것이다. 증원되거나 조정된 숫자만 보면 아직도 혁신을 위한 노력은 부족한 것으로 보이지만 수도권대 증원이 20여 년 만에 처음 있는 일로 교육부에서는 앞으로도 계속 시도할 것으로 보인다.

이렇게 첨단 분야를 증원하고 전과를 풀면 그것만으로 수요자 중심으로 학제 개편이 이루어질 것으로 생각하고 있는 듯해 보인다. 이러한 증원 정책의 내부를 보면 2023학년도의 기존 정원 그리고 학과 구조 개편을 통한 타 학과 감축 등 자체 조정으로 마련한 정원의 합계, 또 정원 순증^{純增}은 미배정되었으나 결원(결손 인원, 편입학 여석) 활용만 배정받아 결원 활용 인원만으로 학과 운영이 어려운 경우에 증원하는 것으로 결정된 것을 보면 대학 학과 편제 조정의 유연성 차원의 혁신은 요원한 것으로 보인다. 그렇지만 이렇게라도 해서 대학 정원 규제 완화를 통하여 산업에서 필요로 하는 인력을 공급해서 취업과 전공의 미스매치가 줄게 하고 미래 디지털 시대의 인재를 육성하고자 하는 것으로 생각된다.

이러한 문제는 교육부만이 아닌 대학 내부의 입학 편제 조정의 유연성과 교수 수의 확보 그리고 시설 확충 등 대학 스스로가 대학의 학사 구조를 혁신해야 할 과제도 많이 존재하는데, 다음 장에서 이러한 구조적 문제 해결 방안에 대하여 논하고자 한다.

첨단 분야의 인재 육성은 미래 사회를 위해서 필요한 일이긴 하지만 전공 직업별 일치도를 높이기 위해서는 학사 구조 전체의 혁신과 함께 대학 교육의 패러다임을 융합 교육으로 바꾸어야 한다. "전공을 버려라"라고 하는 것은 지금까지 대학의 단일 전공 중심의 학사 구조 속에서 사회의 인재 수요에 맞추려던 인재 육성 방식에서 탈피하고 새로운 미래의 디지털 혁명 시대에 맞추어진 융합 능력, 창의력, 협력 능력, 인성, 커뮤니케이션 능력을 겸비할 수 있는 맞춤형 교육을 해야 한다는 의미이다.

초월 전공의 대학 패러다임 변화

대학 교육의 패러다임 변화는 다양한 연구가 있어 왔다. 초기 대학 교육은 교수가 중심이 되어 지식을 전달하는 형태였지만 앞으로는 학생 중심의 교육이 강조되며 학생들의 참여와 협력을 통한 학습이 중요하게 자리하게 될 것이다(Barr, R. B. & Tagg, J, 1995). 디지털 기술의 발전과 함께 온라인 강의, 대규모 온라인 공개 강좌MOOC, 블랜디드 학습 등의 형태가 등장하고 이러한 형태는 학습자가 언제 어디서나 학습할 수 있는 환경이 마련되었다(Siemens, G, 2012).

빠르게 변화하는 사회와 기술 환경 속에서 평생 학습의 중요성이 강조되고 대학은 이러한 변화에 대응하여 평생 학습을 지원하는 플랫폼으로 역할을 강화하고 있다(Field, J., 2000). 이론만을 중심으로 한 교육에서 벗어나 현장에서의 실용적인 지식과 기술 습득을 강조하는 교육 방식으로 변화될 것이다(Boud, D. & Solomon, N. Eds., 2001).

대학 교수는 개별 연구 방식에서 과학 및 기술의 발전과 복잡성 증가로 인해 모두 학제적이고 협력적인 연구 방식으로 변화하게 된다. 학생 평가 또한 전통적인 시험 중심의 평가에서 포트폴리오나 평생 학습 능력을 평가하는 방식으로 변화될 것이다. 그리고 가장 큰 변화가 나타날 것은, 디지털 기술의 발전을 통해 온라인 강의, 가상 실험실, 디지털 리소스 활용 등 다양한 교육 방식을 도입하고 이에 따른 대학의 새로운 시설과 설비의 도입으로 비용도 증가할 것으로 생각된다.

〈대학은 우리에게 무엇이었고, 무엇이고, 무엇이어야 하는가 College: What It Was, Is, and Should Be - Second Edition〉에서 저자 앤드류 델방코는 대학 교육의 미래에 대하여 참여적 학습과 능력 강화, 역량 중심 교육과 실전 경험, 다양성과 포용성 강화, 기술과 혁신의 융합을 강조한다. 대학 교육이 단순한 지식 전달 이상의 가치를 가져야 하고 대학은 학생들이 비판적 사고와 문제 해결 능력, 창의성을 개발할 수 있는 환경을 제공해야 하며 학생들은 활발한 참여를 통해 자기 주도적인 학습을 경험하고 다양한 능력을 키워나가야 한다.

대학 교육은 언제나 학생들이 실제 세계에서 요구되는 역량을 개발할 수 있도록 지원해야 한다. 이를 위해 역량 중심 교육, 학생들의 실전 프로젝트, 현장 경험, 협업 등을 통해 실제 문제에 대처하는 능력을 기르도록 해야 한다. 대학에는 다양한 배경과 관점을 가진 학생들이 폭넓게 존재하고 있어 이들을 위한 환경을 조성해야 한다. 학교는 글로벌화하고 다문화 가정이 확대되고 있는 만큼 다양한 문화와 경험을 존중하고 포용하는 문화를 확립하며, 이를 통해 학생들이 다양성을 존중하고 협력하는 능력을 갖출 수 있도록 해야 한다.

이러한 인재를 육성하는 데 현재의 단일 전공과 비교과 교육 방식으로는 도저히 불가능하기에 "전공을 버려라"라고 하는 강한 어조로 교육 혁신을 추구해야 한다는 것을 강조하고자 하는 것이다.

대학이나 기업의 연구소, 국가 기관에서 발전시키는 기술과 혁신을 대학 교육에 빠르게 연결하고 통합시켜 온라인 교육, 학습 분석, 데이터 과학 등의 기술을 활용하여 학생들에게 맞춤형 학습 경험을 제공하고, 학습 결과를 개선하는 방법을 모색해야 한다.

대학 교육 패러다임의 변화는 어제오늘의 일만이 아니다. 대학 교육의 혁신은 지속 가능하고 변화에 적응할 수 있는 모델을 추구하고 시스템화해야 한다. 대학 학습 패러다임의 변화로 인해 현재 각 대학에 변화를 적극 추진하고 있는 소프트웨어 기반의 다양한 프로그램에 대한 교육과 직접 학생들의 코딩에 대한 교육이 더욱 확대될 것이다.

연계 전공이나 복합 전공 및 자율 전공 등 다양한 융합적 지식과 사고를 할 수 있는 교과 과정이 개발되어 활용될 것이다. 여기에 비교과 역량 개발은 다양한 부분에서 역량 증진을 위해 각 대학이 노력하고 있다. 통찰력, 창의성, 협동성, 문제 해결 능력 등 미래 인재상에서도 요구되고 있는 각종 능력이 결국 이러한 비교과 역량 개발로 대학 학습 패러다임이 확대될 것이다. 이러한 패러다임의 변화는 교육의 질과 방향성 그리고 학생 성공과 사회를 발전시키는 기반으로 큰 역할을 할 것이고 대학 교수의 교육 및 연구 방식을 지속적으로 혁신하고 학생들에게 더 나은 교육 환경을 제공해야만 하는 시대적 사명감으로 자리할 것이며 전공을 버리지 않고 새로운 시대에 적응 가능한 대학이 항상 학생으로 활기찬 캠퍼스가 될 것이다.

제2부

What

**지금 우리는
무엇을
해야 할까?**

3장

수요자 중심의
교육 과정 혁신

저자는 지금까지의 단일 전공 중심의 학사 구조로는 미래 사회에 적응할 수 있는 인재 육성이 어렵기 때문에 "전공을 버려라"라는 함축적인 말로 교육 혁신을 강조하였다. 이제 전공을 버리고 난 이후 미래의 인재상이 실현될 수 있는 교육 과정의 혁신, 수요자가 선택하는 학사 구조를 어떻게 해야 미래의 인재로 육성할 수 있을 것인가에 대해 살펴보고자 한다.

급변하는 대학 교육 위기 속에 우선 우리가 무엇을 해야 하는가에 대한 질문과 답을 추구하기 전에 외국 대학에서 추진되고 있는 내용을 검토할 필요가 있으며 이를 살펴본 바 미국이나 일본 그리고 유럽의 국가와 대학들의 움직임은 우리에게 시사하는 바가 크다고 느껴진다.

특히 일본은 우리나라와 거의 흡사한 대학 위기를 직면하고 있는 국가이다. 인구 절벽과 진학률의 저조 그리고 기술의 변화라고 하는 큰 트렌드가 그러하다. 대학 교육 역시 우리나라와 일본은 너무도 비슷하다.

이러한 위기 속에서 정부 주도로 교육 정책, 각종 규제 속에서 대하이 운영된다는 관점에서 일본의 움직임은 다른 나라와 비교할 때 큰 변화가 보이지 않는 듯하다. 다만 인구 절벽과 인구 고령화에 대비한 자율적 경쟁력 강화를 위해 국립 대학을 법인화하고 국가 교육 기관의 조직을 확대 개편하는 등의 움직임은 살펴볼 수 있었다. 그러나 향후 닥쳐올 위기에 대학 스스로가 대처하는 모습이 미약하다.

반면에 미국은 국가의 정책이나 제도 이면에 대학 스스로가 기술 변화로 닥쳐올 미래의 변화에 적극적으로 대처하고 있는 것 같다. 이것은 국가 주도와 대학 자율이라는 제도적 차이에서 양국의 대학이 미래 대학 위기에 대처하는 다름이 보이는 것으로 생각된다.

이런 와중에 대학 경쟁력 평가 시스템인 WURI^{World's Universities with Real Impact}는 2020년부터 매년 각 고등 교육 기관의 혁신 프로그램이 사회에 실질적으로 미치는 영향을 정성 평가하고 순위를 매김으로써 세계 대학의 혁신 순위를 체크하고 있다. 이 순위는 대학의 혁신을 촉진하고 다음 세대가 산업 및 사회의 요구를 충족하고 창의적으로 생각하도록 격려하기 위한 것이다. WURI는 국가 경쟁력 정책 및 전략 연구소[IPSNC]에 의해 조직되며 유나이티드 네이션스 교육 및 연구 기구[UNITAR]를 포함한 네 개의 기관이 지원하고 있다. 2023년의 평가 결과를 보면 [표 2]와 같다. 본 장에서는 100개 대학 중 상위 20개 대학을 중심으로 살펴보고자 한다.

역시나 새로운 교육의 변화를 가장 잘 표현하고 있는 미네르바대학이 1위를 하고 있다. 미네르바대학교는 글로벌 교육을 위해서 다국적 학습 경험을 제공하고 있으며 교육 과정은 전통적인 다른 대학과는 차별화되어 있다. 수업 방식에서도 미래 인재상의 역량 개발에 초점이 맞추어져 있음을 알 수 있으며 특징적인 것은 몰입형 온라인 플랫폼을 적극 활용하고 있다는 것이다. 이러한 능동적인 맞춤형 교육이 이루어지고 있음은 향후 많은 대학이 참고해야 할 것으로 여겨진다. 또한 학생 중심의 접근은 교수가 강의 운영에 있어서 학생 만족도를 극대화하는 방안으로 꼭 참고하고 수렴해야 하는 내용일 것이다.

[표 2] 2023 WURI(World's Universities with Real Impact) 세계혁신대학순위

2023 Ranking	Name	Region
1	Minerva University	USA
2	Arizona State University	USA
3	University of Pennsylvania	USA
4	Massachusetts Institute of Technology(MIT)	USA
5	Stanford University	USA
6	Ecol 42	France
7	Aalto University	Finland
8	University of California, Berkeley	USA
9	Hanze University of Applied Sciences	Netherlands
10	Princeton University	USA
11	California Institute of Technology	USA
12	Harvard University	USA
13	Simon Fraser University	Canada
14	Boston University	USA
15	Abdullah Gül University	Türkiye
16	Deggendorf Institute of Technology	Germany
17	Seoul National University	Korea
18	Incheon National University	Korea
19	National University of Singapore	Singapore
20	Tsinghua University	China

출처 : https://www.wuri.world/2023-global-top-100

북아메리카 선진 대학의
혁신 교육 과정 | 미국, 캐나다 |

미네르바대학교 :: Minerva University_미국

미국의 미네르바대학교는 글로벌 관점을 갖춘 학생 중심의 학습 경험을 강조하는 혁신적인 교육 접근 방식으로 인정받고 있다. 미네르바대학교는 미래 인재에게 필요한 핵심 역량인 비판적 사고, 창의적인 생각, 효과적인 의사 소통 능력 및 상호 작용 능력 향상을 교육 목표로 하고 있다. 수업은 대화와 토론을 중심으로 진행되며 즉각적인 피드백을 제공하는 참여형 수업과 20명 미만의 소규모 수업을 통해 교수와 학생들의 긴밀한 상호 작용에 중점을 둔다. 교육 과정은 4년에 걸쳐 세심하게 구성되어 있으며 각 과정은 다음과 같다.

1학년
'코너스톤 코스'
Cornerstone
course

1학년은 학습의 초석을 닦는 시간이다. 이 과정에서 학생들은 비판적 사고, 창의적 사고, 효과적인 의사 소통 및 상호 작용 기술이라는 네 가지 핵심 역량 개발에 초점을 맞춘 기초 과정을 학습한다. 이 과정에는 형식 분석, 실증 분석, 다중 모드 통신 및 복잡한 시스템 수업이 포함되어 있다.

2학년
'코어 코스'
Core course

2학년이 되면 학생들은 지도 교수의 도움을 받아 학습 방향을 설정할 수 있다. 또한 예술과 인문학, 컴퓨터 과학, 자연 과학, 사회 과학, 경영학 5가지 중에서 전공을 선택하게 된다.

3학년
'집중 코스'
Concentrations
course

3학년은 전공 심화 과정이다. 하생들은 선택한 전공을 기반으로 실용 지식을 배우고, 현실 속 실제 문제를 해결하기 위한 캡스톤 프로젝트를 시작한다.

4학년
'튜토리얼/캡스톤 코스'
Tutorial/Capstone
course

4년 차에는 그동안 학생들이 진행해온 '캡스톤 프로젝트'를 동료 및 교수들과 공유하고 평가를 받게 된다.

미네르바대학교는 캠퍼스가 없다. 미네르바대학교의 학생들은 샌프란시스코에서 1년을 시작으로 대한민국, 인도, 독일, 아르헨티나, 영국, 대만을 순회하며 다양한 문화와 환경을 접하게 된다. 캠퍼스 없이 7개의 기숙사를 오가며 온라인 강의로 학습하는 것이 특징이라 할 수 있다. 이러한 혁신적 접근의 중심에는 자체적으로 개발한 몰입형 온라인 학습 플랫폼이 있다. 이 플랫폼은 '완전한 능동적 학습Fully Active Learning', '학습 과정에서의 체계적 피드백Systematic Formative Feedback', '상황 맞춤형 학습Cross Contextual Scaffolding'이라는 세 가지 교육 방식을 효과적으로 구현할 수 있도록 개발되었다. 실시간 토론, 가상 교실, 학생 성과 추적을 위한 데이터 분석도 제공한다.

또 다른 혁신적 접근으로 학생 중심의 개별화된 교육 방식이다. 이 대학은 학생 경험 팀Student experience team을 운영하여 학생들의 다양한 경험 활동을 지원하며, 개별적 학습 스타일과 요구에 맞춰 콘텐츠를 제공한다. 뿐만 아니라 학생들의 성과 평가에 투명성을 높여, 자신의 학습 성과를 실시간으로 확인하고 반영할 수 있도록 하고 있다.

마지막으로 글로벌 커뮤니티 구축을 통해 다양한 문화적 배경을 가진 동료들과 교류하고 협력하며 글로벌 시민으로서의 역량을 높일 수 있는 장을 제공한다.

아리조나주립대학교 :: Arizona State University_미국

미국 아리조나주립대학교(ASU)는 기술, 기업가 정신, 학제 간 협력, 사회 혁신 및 지역 사회 참여에 중점을 둔 혁신적인 교육 접근 방식으로 두각을 나타내고 있다. ASU의 혁신적인 프로그램은 인공지능 기반 교육 시스템이다. ASU의 인공지능 시스템은 개별 학생의 학습 패턴, 강점 및 약점을 분석하도록 설계되어 있어 학생들에게 맞춤형 학습 과정을 제공한다. 또한 뉴턴^{Knewton}, 맥그로힐에듀케이션^{McGraw Hill Education}, 코그북스^{CogBooks} 등 기술 기업과의 협업으로 효과적인 성과를 거두고 있다.

ASU의 유연한 학사 운영은 학습자 중심의 보다 개별화되고 효율적인 학습 환경을 조성한다. 강의에서 요구하는 수준에 도달한 학생들은 학기가 끝나기 전에 더 높은 레벨로 올라갈 수 있는 기회를 갖게 된다. eAdvisor 프로그램은 학생들의 교육 전반을 지원할 수 있도록 설계된 혁신적인 학업 상담 시스템으로 학생들은 학업 상태에 대한 정보를 제공받을 수 있다. 또한 학습 속도가 뒤쳐졌을 경우 이를 개선할 수 있는 유사 강의 추천 안내 서비스 및 학습을 지속할 수 있는 맞춤형 도움을 받을 수 있다.

사회 혁신 및 기업가 정신 프로그램은 ASU의 교육 정신이 반영된 중요한 혁신적 접근의 한 축이라고 할 수 있다. 존 오린 에드슨 기업가 정신^{J. Orin Edson Entrepreneurship}＋혁신 연구소^{Innovation Institute}에서는 기업가 정신 교육 및 창업 지원 서비스를 위한 다양한 프로그램을 지원한다. 엔진 E 프로그램은 창업가 정신을 가진 학생들을 위한 촉진프로그램으로 멘토링, 워크숍, 네트워킹 기회 등을 제공한다.

기업가 정신을 사회 변화와 개선을 위한 도구로 활용할 수 있도록 비즈니스 원칙을 적용한 사회 문제 해결 방안을 배우며 실제 프로젝트를 수행하기도 한다. 차세대 기술 기업가를 육성하고 스타트업의 성장을 지원하는 것을 목표로 하는 스타트업 액셀러레이 터Technology Entrepreneurship and Startup Accelerator 프로그램은 창업을 위한 교육, 자금 지원, 업계 전문가와의 네트워킹 기회를 제공하며, 벤처 데빌스Venture Devils는 소셜 벤처, 비기술 스타트업, 다양한 분야의 혁신적인 아이디어 등 폭넓은 기업가적 프로젝트를 시작하고 성장할 수 있도록 멘토링, 자금 지원, 네트워킹을 지원한다.

학제 간 협력은 ASU혁신 교육의 또 다른 특징이다. ASU는 인문학, 예술, 공학, 과학 등 다양한 분야를 연결하는 프로그램을 통해 통합적이고 포괄적인 학습 경험을 제공한다. 학생들은 자신의 연구 분야에 대해 다각적인 관점, 기존의 경계를 넘어선 혁신적 사고, 상호 연결성 등을 학습하게 된다. 혁신에 대한 ASU의 노력은 미국 최대 규모의 온라인 교육 플랫폼인 ASU 온라인Online으로까지 확장된다. ASU는 다양한 학사 및 석사 학위 프로그램을 운영하고 있으며, 이를 통해 학생들은 온라인 수업뿐 아니라 학업 및 진로 상담, 온라인 도서관, 학습 관리 시스템 등 풍부한 정보에 접근하여 질 높은 교육을 온라인으로 학습할 수 있다.

대학의 지역 사회 참여도 주목할 만하다. Me3 프로그램을 통해 시 단위와 협약하여 다운타운 캠퍼스를 조성하였고 저소득층이 많은 지역 상황을 고려해 인근 중·고등학교 학생들이 대학 진학을 꿈꿀 수 있도록 지원한다. 또한 스타벅스와 파트너십을 맺어 스타벅스 직원들이 수업료 없이 온라인 수업을 통해 학위를 취득할 수 있는 기회를 제공한다.

펜실베니아대학교 :: University of Pennsylvania_미국

펜실베니아대학교(UPenn)의 교육에 대한 혁신적인 접근 방식은 프로그램 및 연구 활동에서 뚜렷이 살펴볼 수 있다.

UPenn은 다른 아이비리그 대학과의 협력을 통해 다양한 학술 및 연구 프로젝트를 진행한다. 학제 간 접근 방식을 강조하는 UPenn은 인문학 및 사회 과학, 국제 관계, 글로벌 의료 전공, 기술과 공학, 생명과학 및 의학, 디자인 및 예술 분야의 다양한 교육 프로그램을 제공한다.

연구 측면에서 UPenn은 혁신적인 연구 기회를 제공한다. 학부연구 프로그램Undergraduate Research Programs(URA)은 학생들에게 학술연구 프로젝트에서 교수진과 긴밀히 협력할 수 있는 기회를 지원한다. 파이퍼 연구 프로그램Penn Program for Inclusive Kosher Innovation(PPIK)은 학생들에게 혁신적인 비즈니스 아이디어와 식품 산업에 대한 연구 기회를 제공한다. 이를 통해 유망한 비즈니스 아이디어를 개발할 수 있으며, 기업가 정신을 키우고, 비즈니스 커뮤니티와 연결할 수 있는 플랫폼을 지원 받는다.

시티 플래닝 스튜디오City Planning Studio는 학생들이 도시 문제에 대한 창의적이고 실용적인 해결책을 개발하도록 돕고 현장 조사 및 연구를 통해 도시 공간을 다양한 관점에서 이해하며 실제적인 실무 경험을 쌓을 수 있도록 하는 데 중점을 둔다.

글로벌 헬스 연구 프로그램Global Health Research Programs은 전 세계의 건강 문제와 관련한 연구에 참여하고 의학, 간호, 사회 과학, 공공 정책 등 다양한 분야의 전문 지식을 결합하여 국제적인 건강 문제를 해결하는 것에 중점을 둔, 학제 간 연구프로그램이다. 이 프로그램의 중요한 구성 요소는 현장 조사 및 지역 사회 참여로, 학생과 교수진은 전 세계 다양한 지역에서 연구와 프로젝트에 참여하여 실질적인 경험을 쌓을 수 있다. 뿐만 아니라 지역 사회와 협력하여 지속 가능한 건강 솔루션을 개발하는 데 중점을 둔다. 이러한 연구 및 조사 외에도 글로벌 건강 주제에 관한 전문 과정, 워크숍, 세미나를 제공한다.

UPenn은 창업 및 기술 혁신 분야에서도 창업 및 기술 혁신 연구 프로그램을 통해 학생들에게 다양한 지원과 기회를 제공하고 있다. UPenn은 학생들의 리더십 개발을 위한 다양한 강의와 워크숍, 연구소 참여, 동아리 참여, 사회 봉사 등 실무 경험의 기회를 갖는다. 이 프로그램은 리더십 능력을 향상시키는 것을 목표로 할 뿐만 아니라 실무 경험의 중요성을 강조한다. 이를 통해 학생들은 팀 워크, 의사 소통, 문제 해결 등 필수 능력을 키울 수 있다.

이러한 교육 프로그램 외에도 UPenn에는 여러 저명한 연구 센터가 있다. 펄먼 의학대학원The Perelman School of Medicine은 생명 과학 및 의학 연구에 대한 기여로 국제적으로 인정받고 있다. 펜실베

니아대학교 휴먼 센터The Penn Human Center는 사람과 기술 간의 상호
작용 연구를 통해 디지털 헬스 케어(의료 기술, 인공지능, 환경과학,
공공 정책 등)에 집중하고 있으며 에글리스퀘어 펄먼 심장 연구소
Abramson Cardiovascular Research Institute at Penn에서는 심장 건강 및 심혈관 질
환 관련 연구를 주도하여 예방과 치료를 위한 혁신적 방법을 개발
하고 있다.

UPenn의 국제 혁신 프로그램The Penn Wharton Innovation Program과 워
튼 스쿨The Wharton School은 기업가 정신과 기술 혁신 프로그램의 핵심
적인 역할을 한다. 국제 혁신 프로그램The Penn Wharton Innovation Program
은 기업가 정신을 함양하고 학생들이 비즈니스 아이디어를 실제적
으로 개발하고 시장에 출시하는 것을 지원한다. 학생들은 창업의
기회를 지원받게 된다. 선도적인 비즈니스 스쿨인 워튼 스쿨은 학
문적 우수성, 영향력 있는 연구, 혁신적인 교육, 글로벌 비즈니스
커뮤니티와의 강력한 연결의 역사를 바탕으로 비즈니스 전략에 혁
신을 가져오는 연구와 교육을 제공한다.

매사추세츠공과대학

:: **Massachusetts Institute of Technology (MIT)_미국**

미국 매사추세츠공과대학(MIT)은 학제 간 협력과 최첨단 연구 환
경을 통해 혁신적 교육을 실현하고 있다. 이러한 혁신의 핵심에는
다양한 분야의 예술가, 디자이너, 엔지니어, 과학자들이 모여 미디

어 아트, 디자인, 머신 러닝, 인간과 컴퓨터의 상호 작용 등에 대한 연구를 진행하는 MIT 미디어 랩$^{Media Lab}$이 있다.

MIT 슬론 경영대학원$^{Sloan School of Management}$의 혁신 및 리더십 프로그램은 전략적 사고, 효과적인 의사 소통, 창의적 문제 해결 방법 등을 포함한 리더십 개발 교육과 비즈니스 및 경영 교육을 제공한다. 또한 MIT 오픈 코스웨어$^{Open Course Ware}$(OCW)에서는 수많은 강의 자료를 무료로 제공하여 원하는 사람은 누구나 강의를 수강하며 학문적 지식을 확장할 수 있도록 지원한다. MIT 통합 학습 이니셔티브$^{Integrated Learning Initiative}$(MITili)는 학생의 학습 경험을 향상시키고 효과적인 교수 방법을 개발하는 데 중점을 두고 학습 및 교육 관련 연구를 지원하는 프로그램이다.

기업가 정신을 함양할 수 있도록 지원하는 프로그램으로 MIT 부트 캠프^{Bootcamps}, MIT 기업가 정신 육성 프로그램$^{Entrepreneurship Development Program}$(EDP)을 주목할 수 있다. MIT 부트캠프는 창의적 문제 해결 및 기업가 정신을 함양하는 데 중점을 둔 집중 교육 프로그램으로 실용적인 기술과 지식을 전달하며 몰입도 높은 학습 환경을 제공한다. MIT EDP는 특히 기업가 정신에 중점을 두고 있으며 기업 생태계, 혁신 전략, 아이디어를 지속 가능한 비즈니스로 전환하는 방법 등에 대한 이론 기반 교육과 숙련된 기업가 및 교수진의 지원을 받는다.

한편, 학부생 연구 기회 프로그램$^{Undergraduate Research Opportunities}$

Program(UROP)은 학부생들에게 연구 프로젝트에 참여하고 교수의 연구 그룹에서 일할 기회를 제공하며, 학생들은 교수와의 밀접한 협력을 통해 연구 과정에 참여하고 자신의 아이디어를 개발할 기회를 가질 수 있다.

MIT의 글로벌 프로젝트는 세계의 실질적인 개발 과제에 초점을 맞춘 D-Lab과 같은 프로그램에서 확인할 수 있다. 학생들은 국제 팀에 참여하여 에너지, 의료 및 교육 분야의 프로젝트에 참여하고 현지 현장 연구 및 협력을 통해 실제적 영향력을 미칠 수 있는 기회를 제공받는다. 또 다른 프로그램인 글로벌 티칭 랩Global Teaching Labs(GTL)은 교육 범위를 해외로 확장하여 다양한 국가에서 과학, 공학, 수학 등의 주제를 가르치는 국제 교육 경험에 참여할 수 있다. MIT-AFRICA(아프리카 혁신 컨퍼런스Africa Innovate Conference)는 아프리카의 혁신과 연구에 중점을 두고 MIT 학생들과 아프리카 학생 및 기업가들이 참여하고 교류할 수 있는 플랫폼을 제공한다. 싱가포르공과대학(SUTD)과의 협력 프로그램인 MIT-SUTD 콜라보레이션Collaboration과 포르투갈과의 협력 강화 프로그램인 MIT 포르투갈 프로그램Portugal Program 또한 글로벌 교육 및 연구, 국제 파트너십 육성, 혁신과 협업을 통해 글로벌 과제 해결을 위한 실천적 접근의 혁신적 교육 프로그램이다.

MIT에서의 혁신적인 시스템은 원활한 상호 작용의 학습 환경, 소규모 학급, 맞춤형 학습, 협력 중심의 학습 과정을 촉진하

도록 구성되어 있다. 교수와 학생의 평균 비율이 3 : 1정도 수준이
며 전체 강의의 70퍼센트가 20명 미만의 학생들로 구성되어 소규
모 수업과 세미나가 진행된다. 신입생들이 교수 멘토와 작은 그룹
인 '맨션'에서 함께 공부하고 팀 프로젝트에 참여할 수 있는 맨션-
코호트 시스템은 1학년부터 교수진과 중요한 관계를 형성할 수 있
는 기회를 제공한다. 교수들이 정기적으로 학생들과의 상호 작용
을 위해 개최하는 오픈 하우스와 오피스 아워는 개방형 의사 소통
과 멘토링을 장려하며 전통적인 교실 환경을 넘어 학습 경험을 확
장하는 데 영향을 미치고 있다.

스탠포드대학교 :: Stanford University _ 미국

스탠포드대학교는 '비전 2025'를 통해 혁신적인 비전을 선언했
다. 'Axis Flip' 슬로건을 도입하여 현장과 동떨어진 지식이 아닌,
실용적인 기술과 역량을 중심으로 전환하는 것을 강조했다. 이는
인문학, 사회과학, 공학, 의학 등 다양한 분야를 통합하고 총체적
인 교육 접근 방식을 반영하는 혁신적인 학제 간 프로그램으로
보완된다.

　　스탠포드대학교는 7개 단과 대학으로 이루어졌으며 학생 대
교수 비율이 2 : 1인 소규모 수업으로 이루어지며 대규모 온라인 공
개 강좌^{MOOC}와 온라인 강의를 통해 전 세계의 학습자에게 혁신적
인 교육을 제공한다.

또한 플립드flipped 수업 형식을 채택하여 학생들이 강의 내용을 사전에 학습하고 수업 시간에는 토론, 문제 해결, 프로젝트에 집중할 수 있도록 지원한다. Stanford's Angular Integrated Stem fluidity는 학생들이 다양한 학문 분야의 교과목을 통합하여 학생들이 보다 유연하게 학문을 탐험하고 전공을 선택할 수 있도록 돕는데, 이를 통해 학생들은 관련성 있는 지식과 기술을 종합적으로 이해할 수 있게 된다.

혁신적인 시스템 측면에서 스탠포드는 인간-로봇 상호 작용과 같은 분야를 포함한 학제 간 연구를 통해 새로운 발견을 촉진하는 스탠퍼드 인공지능 연구소Stanford Artificial Intelligence Lab(SAIL)를 설립했다. 개방형 순환 대학Open Loop University 제도를 운영하여 기존 학사(4년) 과정에 통합된 석사(2년) 과정, 6년 학제 동안 자유롭게 직장과 캠퍼스를 오갈 수 있도록 한다.

이는 대학에서 습득한 지식을 현업에서 활용하며 부족한 지식은 다시 캠퍼스에 와서 채우는 방식으로, 학생들은 여러 학문을 배우고 실무 능력 개발에 집중할 수 있다. 지금까지 '스타트엑스'를 거쳐 간 기업이 총 190억 달러(한화 약 21조 2천억 원)를 투자 받았으며 원천 기술 가치를 인정받아 구글, 애플, 야후 등 글로벌 기업에 인수된 기업도 있다.

또한 스탠포드 디자인 스쿨은 혁신적인 디자인 및 문제 해결 프로세스에 중점을 둔 교육 프로그램을 제공하고 있으며 스탠포드 창업교육센터^{Stanford Technology Ventures Program}(STVP)는 기술 스타트업 창업과 기술 기업가 정신을 촉진하기 위한 창업 교육, 워크숍, 창업 관련 연구 등 기술가 정신에 초점을 맞춘 전문 프로그램을 제공하고 있다.

캘리포니아대학교 버클리 :: University of California, Berkeley_미국

캘리포니아대학교 버클리는 창의성, 학제 간 협력 및 실제 문제 해결을 육성하기 위한 다양한 프로그램과 시스템을 운영하고 있다. 이 대학의 혁신적인 교육 중심에는 학생들이 국제 개발 및 경제 문제에 대한 창의적이고 지속 가능한 해결책을 모색하는 데 중점을 둔 블룸경제개발센터^{Blum Center for Developing Economies}가 있다.

학생들은 블룸센터의 강좌 및 프로젝트를 통해 다양한 학문 분야에서 협업하고, 현지 커뮤니티와의 파트너십을 구축하여 실제 세계 문제에 대한 혁신적인 해결책을 개발할 수 있다.

수타르자 기업가 정신 및 기술센터^{Sutardja Center for Entrepreneurship & Technology}에서는 학생들이 기술과 기업가 정신을 결합하여 혁신적인 아이디어를 구현하고 창업의 경험을 쌓을 수 있도록 지원하며 학생들은 기술과 기업가 정신을 결합하여 혁신적인 아이디어를 실현할 수 있다. 이 센터는 학생들이 실제 기업 프로젝트에 참여하고, 창업 생태계와의 연결을 통해 기술 산업에 성공적으로 나아갈 수 있는 기회를 제공 받는다.

버클리대학교에는 학생들이 혁신적인 프로젝트를 시작하고 발전시킬 수 있도록 하는 플랫폼인 버클리 혁신 인덱스^{Berkeley} Innovation Index가 있다. 이 플랫폼은 학생들이 자신만의 혁신적인 프로젝트를 시작하고 개발할 수 있도록 지원한다. 이 곳에서 학생들은 자신의 아이디어를 등록하고, 다른 학생들과 협력하여 프로젝트를 시작하며 기술적인 문제를 창의적인 솔루션으로 해결할 수 있다.

연구에 관심이 있는 사람들을 위한 하부생 연구 견습 프로그램Undergraduate Research Apprentice Program(URAP)은 학부생들이 교수와의 협업을 통해 연구 경험을 쌓을 수 있는 프로그램이다. 학생들은 이 프로그램을 통해 다양한 학문 분야에서의 연구 프로젝트에 참여하여 실제 연구 환경에서의 경험과 지식을 쌓게 된다. 국제적인 비즈니스 환경을 경험하며 학습할 수 있는 글로벌 엣지Global Edge도 있다. 학생들은 다양한 국가에서의 비즈니스 활동 및 산업 현장 견학에 참여하며 국제 비즈니스 및 문화에 대한 이해를 높일 수 있다.

버클리대학교의 혁신적인 교육 시스템으로 버클리 온라인교육 리소스센터Berkeley Resource Center for Online Education(BRCOE)의 온라인 교육이 있다. BRCOE에서는 모바일 학습 자료, 공개 강의 자료 및 대규모 온라인 공개 강좌MOOC를 제공한다. 학생들은 전 세계 어디에서나 질 높은 수업에 참여할 수 있다. 데이터 과학 교육에 중점을 둔 데이터 과학 교육 프로그램Data Science Education Program, 학문적인 경계를

초월하고 창의적이고 혁신적인 해결책을 모색하는 데 중점을 둔 빅
아이디어 과정The Big Ideas Courses, 자신의 관심사 및 전공 분야에 관한
수업을 스스로 기획하고 다른 학생들에게 가르치며 학생 중심 교육
환경을 촉진하는 The DeCal 프로그램은 전공과 전혀 상관이 없더
라도 평소 관심이 있던 분야나 취미 활동에 관련된 분야를 공부할
수 있게 하는 버클리의 혁신적 교육 방식을 보여주는 프로그램이라
고 할 수 있다.

프린스턴대학교 :: Princeton University_미국

프린스턴대학교는 학생들이 비판적이고, 창의적이며, 글로벌하게
사고할 수 있도록 장려하는 혁신적인 교육 접근 방식과 시스템을
갖추고 있다.

프린스턴대학교의 저널리즘 프로그램Program in Journalism은 현대
저널리즘과 미디어에 대한 심층적인 이해를 제공하는 데 중점을
둔다. 학생들은 창의적인 기사를 작성할 수 있는 교육을 받으며 다
양한 미디어 플랫폼에서 보도 경험을 쌓을 수 있도록 지원받는다.
또한, 다양한 미디어 플랫폼에서의 기자 활동과 관련한 코스를 수
강할 수 있다.

루이스예술센터Lewis Center for the Arts는 미술, 연극, 음악, 창작 쓰
기 등 다양한 예술 분야에서 학문적이고 창의적인 활동을 지원하
는 프로그램을 제공한다. 학생들은 예술 작품의 창작, 공연, 전시,

출판 등 다양한 예술적 활동에 참여하며, 예술과 학문을 통합한 다양한 프로젝트에 참여할 수 있다.

켈러공학교육혁신센터Keller Center for Innovation in Engineering Education에서는 공학 분야의 창의적이고 혁신적인 사고를 강화하고 기업가 정신을 육성하는 데 중점을 두고 있다. 학생들은 기술과 기업가 정신에 대해 배울 뿐만 아니라 기술 프로젝트를 통해 실무 경험을 쌓고 창업 생태계와의 중요한 연결을 형성할 수 있다.

프린스턴환경연구소Princeton Environmental Institute(PEI)는 환경 문제에 대한 학생들의 이해를 높이고 해결책을 모색하기 위한 프로그램을 제공한다. 학생들은 환경과학, 지속 가능한 발전, 기후 변화 등 다양한 주제를 다루는 수업을 듣고 현장 연구 및 국제적인 환경 문제 프로젝트에 참여할 수 있다.

국제 경험을 원하는 사람들을 위한 노보그라츠 브리지 이어Novogratz Bridge Year 프로그램은 학생들에게 대학을 시작하기 전에 국제 사회에서 자원 봉사 및 문화 교류에 참여할 수 있는 기회를 제공한다. 다양한 국가에서의 9개월 동안 현지 사회에 참여하며 지속 가능한 개발, 보건, 교육 등의 분야에서 기여할 수 있다.

이러한 교육 프로그램과 함께 프린스턴대학교의 혁신적인 시스템에는 클라우드 기술을 통해 실험적인 학습 경험을 제공하는 프린스턴 캠퍼스 클라우드 랩Princeton Campus Cloud Lab이 있다. 학생들은 클라우드를 통해 다양한 프로그래밍 환경에 접근하고, 대규모 데이터를 다루며, 현대적인 컴퓨팅 기술을 경험할 수 있다.

학업 경험을 더욱 풍부하게 하는 프린스턴공과대학의 학제 간 캡스톤 프로젝트는 다양한 분야의 지식을 통합하여 현실적인 문제를 해결하는 데 중점을 두고 있으며, 이를 통해 학생들은 다양한 팀과 협력하여 현실적인 문제에 대한 솔루션을 찾는 데 집중할 수 있다.

학문적 탐구와 교류를 촉진하기 위해 '시그니처 과정Signature Courses'이라는 고유한 교과목을 제공하고 있으며 학부생에게도 연구 참여 기회를 제공하여 이론적 학문 연구에 참여할 수 있도록 격려한다.

캘리포니아공과대학 :: California Institute of Technology_미국

캘리포니아공과대학(Caltech)은 학계와 산업계 간의 격차를 해소하고 창의성, 기업가 정신을 원활하게 통합하는 혁신적인 교육 시스템을 구축했다.

산학 협력의 핵심에는 기업 파트너십 전담팀이 있다. 이러한 전담 기업 파트너십 팀을 통해 다양한 기업 파트너십 프로그램에 참여할 수 있으며 이러한 파트너십은 고립되지 않고 캘리포니아공과대학 캠퍼스 전체의 다양한 사무실과 협력하고 있다.

혁신 및 창업 촉진 프로그램Rothenberg Innovation Initiative(RI2)은 고위험 고수익 프로젝트를 위한 시드 펀딩을 제공하기 위해 특별히 고안된 내부 프로그램이다. 이 프로그램은 학생 창업 촉진 및 시장 필요에 부합하는 혁신적 아이디어 개발을 지원하며 최대 2년 동안 연간 최대 12만 5천 달러를 제공한다. 또한 경쟁적이면서도 창의적인 환경을 조성하여 획기적인 아이디어를 추구하도록 장려한다.

캘리포니아공과대학의 기술 이전 및 기업 파트너십 사무소 Office of Technology Transfer and Corporate Partnerships (OTTCP)는 과학 및 공학 지식 산업의 가교 역할을 한다. 이 사무실은 다음과 같은 분야에서 역할을 수행한다.

산업과 학계 연결　　Caltech에서 개발된 과학 및 공학 지식이 업계 요구와 효과적으로 연결되도록 보장한다.

지식 이전 촉진　　지식을 실제 응용 프로그램으로 이전하여 사회 전반에 혜택을 줄 수 있도록 지원한다.

창업 지원 제공　　Caltech 시드 펀드 Seed Fund 를 통해 사무실에서는 창업 자금과 인턴십 기회를 제공하여 기술 개발의 초기 단계를 육성한다.

특허 및 라이선스 홍보　　Caltech과 제트추진연구소(JPL)에서 개발한 기술을 기존 기업이나 스타트업에 라이선스

하여 혁신을 상업화하기 위해 적극적인 노력을 한다.

스타트업 창업 지원   입주 기업가 프로그램을 포함하여 칼텍과
JPL의 기술을 기반으로 한 스타트업 기업의 설립을 적극적으로 지
원한다.

혁신과 기업가   1995년에 설립된 OTTCP는 Caltech의 혁신
정신의 전통 유지   과 기업가 정신의 전통을 육성하기 위해 설
립되었고 성공적으로 상용화된 기술의 수를 늘려 사회적 영향력을
강화하기 위한 생태계를 조성하는 데 중점을 두고 있다.

하버드대학교 :: Harvard University_미국

하버드대학교는 기업가 정신, 학제 간 협력 및 아이디어의 실제 적
용을 지원하는 생태계 조성에 중점을 두는 등 다각적 노력을 기울
이고 있다.
　　하버드대학교 아이 랩The i-lab 은 혁신적인 아이디어를 위한 플랫
폼을 제공하며 학생들의 창업 활동을 지원하기 위해 맞춤화된 프
로그램 및 관련 분야의 전문가들과 일대일로 교류할 수 있는 기회
를 제공한다.
　　아이 랩은 매 학기마다 스타트업을 구축한 혁신가의 궤적을 따
라갈 수 있도록 설계된 워크숍을 개최하며 실질적인 기술 개발과

네트워킹을 촉진하는 풍부한 학습 환경을 조성한다. 아이 랩의 가장 중요한 하이라이트는 하버드 학생들이 의미 있는 영향을 미칠 수 있는 아이디어를 개발하도록 동기를 부여하기 위해 고안된 대회인 총장 혁신 챌린지이다. 건강 및 생명 과학, 소셜 임팩트 등 다양한 부문에서 75,000달러의 1등 상금과 25,000달러의 준우승 상금을 수여하는 등 상당한 재정적 보상을 제공한다.

또 다른 혁신 프로그램으로는 Launch Lab X GEO 프로그램이 있다. 하버드 동문 창업자를 위해 특별히 설계된 글로벌 혁신 프로그램으로 각 벤처 팀의 특정 요구 사항에 맞춘 적응형 마일스톤 기반 접근 방식을 채택하고 있으며 비즈니스 모델의 리스크를 줄이고, 가치 제안을 검증하며, 강력한 관계를 구축할 수 있도록 지원한다. Launch Lab X GEO 프로그램은 운영 전문성 개발, 자금 조달 준비를 위한 피드백, 벤처 확장의 최고점과 최저점을 관리할 수 있는 효과적인 리더십 등 세 가지 중요 접근 방식을 사용하며 벤처의 문화와 관행에 형평성, 다양성, 포용성, 소속감을 구축하는 데 중점을 두고 있다. 이 프로그램의 혁신적 특징 중 하나는 참가자에게 비즈니스 피치에 대한 피드백을 제공한다는 점이다. 이를 통해 시장 진출 전략을 개발하는 데 도움을 주는 다양한 창업자 및 투자자 그룹과 관계를 맺을 수 있다.

혁신적인 시스템으로는 파글리우카 하버드 라이프 랩The Pagliuca Harvard Life Lab이 있다. 이 연구소는 학생, 교수진 및 졸업생이 고위험 생명과학 및 생명공학 스타트업을 개발하는 데 필요한 지원을 제공하는 하버드의 생명공학 및 생명과학 벤처를 위한 종합적이고 지원적인 프로그램이다. 또한 생명공학 및 생명과학 벤처를 위해 특별히 설계된 15,000평방피트 규모의 습식 실험실 및 코워킹 최첨단 시설을 지원한다. 이 연구소는 1층엔 전용 코워킹 오피스 공간, 회의실, 전화 부스, 사물함, 서류 캐비넷 등 현대적인 시설을 갖추고 있으며, 2층엔 30개의 벤치가 있는 개방형 실험실, 6개의 벤치가 있는 개인실, 레벨 1과 레벨 2의 생물 안전 실험실, 흄 후드 골방, 조직 배양실, 냉장실, 현미경실, 필수 운영 인프라를 포함하고 있다. 기업가들이 획기적인 과학 및 비즈니스 개발에 자본을 집중할 수 있도록 지원하기 위해 라이프 랩은 시장보다 저렴한 임대료를 제공하고 있다.

라이프 랩의 중요한 측면은 커뮤니티 구축과 네트워킹에 중점을 둔 것이다. 벤처 팀, 전문가, 멘토, 임직원이 서로 협력하고 지원할 수 있는 역동적인 커뮤니티 환경을 조성한다. 리더십 포럼과 네트워킹 이벤트를 통해 연구소는 협력적이고 성장 지향적인 문화를 강화하고 지식 공유와 커뮤니티 참여를 장려하고 있다.

사이먼프레이저대학교 :: Simon Fraser University_캐나다

사이먼프레이저대학교(SFU)는 2016년부터 시작된 대학의 혁신 전략으로 기업가 정신을 육성하기 위해 설계된 포괄적인 에코 시스

템을 구축하고 연구와 혁신을 위한 협력적 접근 방식을 이루고자
한다.

다학제적이고 단계적인 기업가 프로그램 및 혁신적인 지원을
지속적으로 제공하고 있는데, 학생, 연구자, 기업가의 혁신을 발전
시키는 데 필요한 기술, 지식, 리소스를 확보할 수 있도록 하고 있
다. 또한, 정부 및 산업 분야의 연구자, 기업가, 파트너로 구성된
네트워크를 구축하고, 글로벌 임팩트와 딥 테크 벤처를 통하여 전
세계 18만 명 이상의 동문을 보유한 커뮤니티 참여형 교육 및 연구
로 국제적으로 인정받고 있다.

특히, 청정 에너지, 개인 맞춤형 의학, 양자 컴퓨팅과 같은 신
흥 분야에서 '딥 테크' 벤처를 창출하는 데 중추적인 역할을 하고
있다.

4D LABS 및 Mitacs i2I 프로그램은 캐나다 전역의 혁신가들을
지원하는 SFU의 주요 프로그램들로 물질 과학 및 공학의 요구 사
항 해결과 혁신적 아이디어의 사업화를 지원한다. 4D LABS는 혁
신적인 시스템으로 재료 과학 및 공학 분야의 요구를 충족하는 원
스톱 서비스를 제공하고 학계 및 산업 파트너와 협력하여 문제 해
결 및 제품 개발을 지원한다.

또한 SFU의 빅 데이터 허브Big Data Hub는 산업 및 정부 부문의 빅
데이터 요구 충족을 위해 전문 지식 및 기술을 제공하고, 혁신 경
제에 기여하는 새로운 지식 생성을 지원한다.

캐나다 정부의 연구 지원 기금도 혁신 및 상업화 활동, 지식 동원, 연구 시설 지원을 하는 데 중요한 역할을 한다.

보스턴대학교 :: Boston University_미국

보스턴대학교는 학계와 업계 간의 간극을 줄이기 위해 실제 문제에 대한 학생과 교수진의 참여를 촉진하여 혁신을 이루고 있다. 리더십과 관련해서는 공과대학이 포괄적인 기업 리더십 프로그램을 구축하여 로봇공학, 자율 시스템 교육 및 혁신 센터, 엔지니어링 제품 혁신 센터, 생명공학 기술 및 기업가 정신 센터를 계획하고 있다.

기업 파트너 프로그램도 혁신에 중요한 역할을 한다. 컴퓨터 과학부는 학과와 기술 업계 구성원 간의 관계를 강화하고 있다.

또한 학문 간 경계를 허물고, 학문의 통합적 접근을 장려하며, 넓은 시각과 비판적 사고 능력을 개발하고 예술과 과학의 교류를 촉진하고 있으며, 학생들에게 기업가 정신과 지속 가능한 비즈니스 모델 교육을 제공하는 혁신적인 MBA 프로그램을 운영하고 있다.

최신 연구와 기술 혁신에 중점을 두며, 최첨단 실험실에서 학생들이 실습 경험을 쌓을 수 있도록 지원하고 있는데, BU 허브Hub 는 광범위한 기술과 가치를 갖추도록 설계된 핵심 교육 커리큘럼을 제공하여 학문적 경계를 넘어 학습 경험을 제공한다.

디지털 학습과 혁신Digital Learning & Innovation(DL&I)에서는 디지털 학습 자료와 혁신적인 교육 방법을 개발하여 학생들이 언제 어디서나 고품질의 교육을 받을 수 있도록 지원하고 있으며, 학부생 연구 기회 프로그램^{Undergraduate Research Opportunities Program}(UROP)은 학부생들이 BU의 연구 프로젝트에 참여할 수 있는 기회를 제공하고 있다.

Research at BU는 건강과 공학, 데이터 과학, 도시 문제 등 다양한 분야에서 선도적인 연구를 진행하고 있으며, 빌드 랩 IDG 캐피털 학생 혁신 센터^{BUild Lab IDG Capital Student Innovation Center}는 아이디어를 실현하고 창업을 위한 자금 및 멘토링을 제공하는 공간이다.

이러한 혁신적인 교육 내용과 환경 구축으로 보스턴 대학은 융합적인 역량을 함양할 수 있는 교육을 추구하고 있다.

유럽 선진 대학의 혁신 교육 과정

| 프랑스, 핀란드, 네덜란드, 독일 |

에콜42대학 :: Ecole 42_프랑스

프랑스의 에콜42대학은 협업 중심의 실무형 IT 인재 전문 양성 기관으로 '3무^無'로 알려진 학교이다. 3무란 교수, 교재, 등록금이 없는 것을 의미한다. 교수 없이 학생들은 실제 기업 현장에서 발생되는 기술 과제를 팀 프로젝트를 통하여 해결하는 방식의 학습을 제공하는 프랑스 민간 교육 기관이다. 그로 인해 에콜42대학은 기존 대학이 가지고 있는 상징성을 깬 대표적인 네오부띠끄^{Neo-Boutique} 대학으로도 알려져 있다.

학교가 제시한 프로그래밍 과제를 스스로 수행하며, 과정 동안 문제가 발생하더라도 인터넷 검색, 그룹 스터디 등 스스로 문제를 해결해야 한다. 에콜42대학은 다음과 같은 과정을 포함한다.

The 42 Program   입학 후 3~5년 동안 진행되는 자기 주도적 학습 방식의 정규 프로그램이다.

Part-Time Software Engineer Program   정규 프로그램과 입학 절차는 동일하지만, 풀 타임에 비해 졸업까지 시간이 더 걸릴 수 있으며 파트 타임으로 과정을 마칠 수 있다.

42 Starfleet Academy   정규 프로그램을 12개월로 단축하여 빠른 시일 내에 집중적인 학습을 통해 과정을 마칠 수 있다.

Hackhighschool   고등학생을 위한 무료 단기 프로그래밍 과정이다. 이는 여름 캠프^{Summer Camp}, 여름 스포츠 코딩 캠프^{Summer Sports Coding Camp}와 같은 단기 코딩 캠프를 운영한다.

교수가 없으니 학생들은 상호 평가를 통해 점수를 매기며 여러 혁신적인 시스템으로 운영되고 있다. 그중 '보칼Bocal'은 정보 및 네트워크 관리실이 24시간 전산 시스템을 안정적으로 관리·감독 가능한 시스템이다. 에콜42대학에서는 건물 내에 있는 모든 컴퓨터들이 네트워크로 연결되어 있어 어떤 컴퓨터에서나 인트라넷으로 접속하기만 하면 자신이 무슨 프로젝트를 누구와 얼마나 했는지 학교 데이터베이스에 학습 활동이 축적되어 있어 확인할 수 있다. 학생들이 서로 상호평가하는 것을 'P2P평가Peer-to-Peer'라 하며, 집단학습Peer-Learning, 프로젝트학습Project-Based Learning, 자기주도학습Self-Derected Learning, 실패를 통한 학습Learning From Failure, 비디오 게임 방식을 활용한 학습 형태인 게이미피케이션Gamification 등을 기반으로 평가한다. 현재 프랑스 파리, 미국 실리콘밸리, 핀란드, 스페인, 일본 등 전 세계 13개국, 17개 도시에서 운영되고 있다.

알토대학교 :: Aalto University_핀란드

알토대학교는 핀란드 헬싱키에 위치한 혁신적이고 국제적으로 인정받는 대학이다. 핀란드 정부는 공학·경영·예술 분야들 사이의 긴밀한 협력을 바라며 각 분야를 선도하는 기존 세 대학 헬싱키공과대학Helsinki Universitiy of Technology·헬싱키경제대학Helsinki Universitiy of Economics·헬싱키미술디자인대학Universitiy of Arts and Design Helsinki의 합병을 주도하였다. 이렇게 합병된 알토대학교는 2020년 1월 1일에 설립되어 다양한 학문 분야에서 학생들에게 창의적이고 협력적인 학습 환경을 제공한다.

공학·경영·예술 분야들 사이의 긴밀한 협력을 의도하며 합병된 대학의 취지와 맞도록 각 분야별 학생들이 함께 협력할 수 있는 공간과 환경을 제공하는 것에 힘을 실었다. 대표적인 사례는 다음과 같다.

알토 스튜디오
Aalto Studios

알토대학교 내에 위치한 창의적인 작업 공간으로, 공학, 예술, 디자인 분야의 학생들이 함께 협력하고 프로젝트를 수행할 수 있는 장소이다. 학문 분야 간의 협업을 촉진하며, 학생들에게 실제 현업 경험을 제공한다.

알토 벤처 프로그램
Aalto Ventures
Program - AVP

창업 및 기업가 정신을 강화하기 위한 프로그램으로, 공학, 경영, 예술 분야의 학생들이 팀을 이뤄 혁신적인 사업 모델을 개발하고 시장에 적용할 수 있도록 지원한다. AVP는 학생들에게 실제 비즈니스 경험을 쌓을 수 있는 기회를 제공한다.

알토 디자인 팩토리
Aalto Design
Factory

공학, 디자인, 비즈니스 분야의 학생들이 협업하여 혁신적인 디자인 프로젝트를 수행하는 장소로, 학생들은 실제 클라이언트와 협력하면서 제품 및 서비스 디자인에 대한 다학제적인 접근을 경험한다.

EIT Digital Master School 프로그램 유럽 다국적 팀에서 프로젝트를 수행하는 기회를 제공하며, 국제적인 팀 워크 능력을 향상시키고 학생들에게 현장에서 적용 가능한 기술적 지식을 전달한다.

기술 경영 Management of Technology, MoT **프로그램** 기술과 경영을 통합한 교육으로, 기술적인 혁신과 비즈니스 전략을 결합하여 문제를 해결하고, 기술 중심의 기업이나 기술 기반 스타트업에서 리더로서의 역할을 수행할 수 있는 능력을 향상시킨다.

혁신적인 시스템 알토대학교는 학생들을 위한 다양한 창업 지원 체계를 갖추고 있다. 알토에스AaltoES를 비롯한 학생 주도의 창업 단체들은 대규모 창업 행사를 개최하고, 스타트업사우나Startup Sauna는 학생과 기업을 연결하고 창업 컨설팅을 제공한다.

또한, 학생들을 위한 무료 공유 오피스, 전문가 코칭, 피어서포트, 멘토링, 그리고 투자자 및 투자 기관과의 연결 혜택 등을 통해 학생들의 창업과 경력 개발을 지원하고 있다.

마지막으로, 알토대학교는 열차 위 알토^{Aalto on Tracks} 행사를 통해 매년 100명의 학생 그룹이 헬싱키에서 상하이 엑스포까지 1만 km를 이동하면서 학제 간 대화와 워크숍을 통한 글로벌 네트워킹을 구축하는 등 국제적인 활동을 적극적으로 진행하고 있다.

한제실무중심대학교

:: **Hanze University of Applied Sciences_네덜란드**

네덜란드 대학의 교육 방식은 크게 실무 중심 대학과 연구 중심 대학으로 나뉘는데, 한제실무중심대학교는 네덜란드에 위치한 혁신적이고 실무 중심의 대학이다. 실무 중심 교육이란, 학생들에게 이론뿐만 아니라 현업에서 필요로 하는 실무적인 능력을 개발하는 것에 중점을 두어 교육하는 것을 의미한다. 이 대학은 3년 또는 4년의 과정을 통해 직업과 연관된 다양한 분야의 과정을 제공하며, 실제적인 수업을 특징으로 한다. 이는 학생들이 학업을 마치면 즉시 현업에서 업무에 참여할 수 있도록 할 수 있는 가장 큰 특징이다. 뿐만 아니라, 졸업 이후에도 학생들은 인턴십이나 졸업 프로젝트^{graduation project}를 진행한 회사에 취업할 기회를 얻을 수 있다. 이를 통해 학생들은 교육과 실무 경험이 조화로운 취업을 이끌어낼 수 있다. 한제실무중심대학교의 교육 과정은 다음과 같다.

2학년	이 과정에서는 실무 배치Work placement가 시작되어 학생들이 직접 실무 경험을 쌓을 수 있다. 이를 통해 이론적인 학습과 함께 실제 현업에서의 업무 경험을 얻을 수 있다.

3학년	이 과정에서는 졸업 프로젝트Graduation project가 진행된다. 학생들은 실제 회사와 협력하여 프로젝트를 수행하며, 대부분의 졸업생들은 이 단계에서의 인턴십 또는 졸업 프로젝트를 수행한 회사에 취업하게 된다. 이를 통해 학생들은 전문 분야에서의 지식뿐만 아니라 현장 경험도 쌓을 수 있다.

한제실무중심대학교는 현장 경험이 풍부한 졸업생을 배출하고, 산업 현장의 요구에 부응하는 혁신적인 교육 방식을 제공하고 있다.

데겐도르프대학 :: Deggendorf Institute of Technology_독일

데겐도르프대학은 독일에 위치한 혁신적이고 국제적인 대학으로, 학문적 우수성과 현업 적용을 중시하는 교육 방식으로 알려져 있다. 데겐도르프대학은 유럽 교육 인증 기관인 ASIIN으로부터 시스템 인증을 받아 국제 품질 표준에 부합하는 대학 프로그램을 운영하고 있다. 이는 대학이 교육 품질과 시스템적 운영에서 높은 수준의 인증을 받았음을 나타낸다. 학생들에게는 실용적이고 응용적인 학습 프로그램을 제공하며, 거의 모든 학위 프로그램에는 2학년 상·하반기에 필수적으로 포함된 인턴십 학기가 있다. 4~6개월 동안 진행되는 논문 프로젝트를 통해서는 잠재적인 미래 고용주와의 네트워킹 및 현장 경험을 제공한다.

2019년에 설립된 데겐도르프대학의 확장 캠퍼스인 바이에른 혁신 센터(BITZ)는 오버슈나이딩^{Oberschneiding}에 위치한 혁신적 시설로 데겐도르프대학과 산업체 간의 협력을 강화하고 기술 혁신을 촉진하는 중요한 역할을 수행한다. 그 주요 목적은 뛰어난 발명품을 보유한 개인과 조직이 확장 가능한 기업으로 성장할 수 있도록 지원하는 것이다. 이는 새로운 기술과 아이디어를 육성하고 현장 적용 가능한 혁신을 촉진하는 것을 목표로 한다.

BITZ는 스타트업 및 기술 기업을 지원하여 새로운 기술 및 혁신 프로젝트를 실현하도록 도와준다. 이를 통해 산업 현장에서의 혁신을 촉진하고 데겐도르프대학의 학문적 역량을 실제 기업 환경에 적용하며 발전시키고 있다. BITZ는 바이에른과 실리콘 밸리의 세계 시장 리더, 투자자, 연구 기관 및 액셀러레이터와의 네트워크인 BITZ-에코시스템^{Ecosystem}을 구축하고 있다. 이는 학문과 산업 간의 협력을 높이고 혁신적인 프로젝트에 기여함으로써 글로벌한 혁신 생태계를 구축하고자 하는 목표를 달성하기 위한 중요한 수단이다.

데겐도르프대학은 BITZ를 통해 실리콘 밸리 프로그램을 운영하고 있다. 이 프로그램은 9개월 동안 진행되며, 참가자들이 아이디어나 제품을 성공적으로 시장에 출시할 수 있도록 실리콘 밸리 출신의 성공적인 투자자들의 지식 및 경험을 적극적으로 통합하는 것이 특징이다. BITZ는 데겐도르프대학에서 중요한 역할을 하며, 학문적인 연구와 산업체 간의 협력을 촉진하고 혁신적인 프로젝트에 참여함으로써 지역 사회와 기업체에 긍정적인 영향을 미치고 있다. 이는 2023 세계 혁신대학 랭킹(WURI 2023) 기업가 정신 분야 1위 선정에 결정적인 요인으로 작용하였다.

데겐도르프 대학은 혁신적인 교육과 국제적인 협력을 통해 학문적 역량과 실무 능력을 갖춘 전문가를 양성하는 데 주력하고 있다.

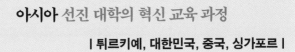

아시아 선진 대학의 혁신 교육 과정
| 튀르키예, 대한민국, 중국, 싱가포르 |

압둘라귈대학교 :: Abdullah Gül University_튀르키예

압둘라귈대학교(AGU)는 국제적 커리큘럼을 구축하여 지속 가능성, 글로벌 시민권, 포용성, 문화 다양성을 포함한 다양한 국제적 관점과 사례를 학습 과정에 통합하는 특성을 보인다. 압둘라귈대학교에서 작성되는 논문과 프로젝트는 적어도 하나의 유엔의 지속 가능한 개발 목표와 연관되도록 요구한다.

압둘라귈대학교는 볼로냐 프로세스the Bologna Process를 준수하여 유럽 고등 교육 공간 기준을 업데이트하며, AGU 글로벌 코스는 학생들이 현재와 미래의 세계적인 문제를 이해하고 해결책을 모색할 수 있도록 한다. 이러한 과정은 취업 시장에서 필요로 하는 소프트 스킬과 하드 스킬을 개발하도록 돕는다.

학부 과정에서 '글로벌 챌린지 핵심 커리큘럼Global Challenges Core Curriculum'을 도입하여 모든 학생들에게 글로벌 이슈에 대한 포괄적인 이해와 이를 해결하기 위한 필요한 기술을 제공하기도 한다. 또한 산학 협력 프로그램, 인턴십 프로그램, 산업 프로젝트 등을 운영하여 학생들에게 현장 경험과 실무 능력을 제공하는데, 산업계 전문가들이 학생들에게 멘토링을 제공하여 실무 경험과 네트워크 구축을 돕는다.

창업 지원 프로그램으로 창업 지원 센터, 스타트업 인큐베이터, 창업 경진 대회를 통해 학생들이 비즈니스 아이디어를 발전시키고 실행할 수 있도록 지원하는데, 창업 지원 센터에서는 비즈니스 계획 수립, 자금 조달, 법률적 조언 등을 제공하고, 스타트업 인큐베이터에서는 초기 단계 기업의 성장을 돕고, 창업 경진 대회에서는 학생들이 자신들의 비즈니스 모델을 제출하고 평가받을 수 있는 경쟁적 환경을 제공한다.

뿐만 아니라, 에라스무스 플러스Erasmus+ 및 기타 교환 프로그램을 활용하여 국제적인 교육 경험을 제공하고 유학생과 교직원의 이동성을 촉진하며, 연구 자금의 50퍼센트를 국제 연구 프로젝트로 증가시켜 국제적인 연구 활동을 지원한다. 국제 비정부기구^{NGO} 및 기업과의 협력 프로젝트를 개발하여 국제적인 네트워크를 형성하고 학생들에게 국제 인턴십 기회를 제공한다.

서울대학교 :: Seoul National University_대한민국

서울대학교(SNU)의 Inno-Edu 2031 프로젝트는 매년 약 10퍼센트의 속도로 교육 과정을 개편하는 것을 목표로 하고 있다. 2021년부터 시작된 이 프로젝트는 2022년까지 총 20개의 교과 과정을 개편하는 작업을 진행했다.

또한, SNU 10-10 프로젝트는 최대 6년간 학문 분야를 육성하고 지원하는 것을 목표로 하고 있는데, 이 프로젝트에 선정된 분야는, 외부 석학과 전문가들의 역량 진단^{External Review}을 통해 발전 계획과 전략을 수립하여 글로벌 경쟁력 확보를 위한 선도적인 연구를 지원하고 있다.

학생들의 전공 선택을 넓히기 위해 전공설계지원센터를 설립하고 교과 인증 과정 제도를 도입하고 있으며, 학생 중심의 지능형 학사 정보 서비스인 '스누지니'를 운영하고 있다.

4차 산업에 맞춰 데이터사이언스대학원을 설립하고, 2020학년도부터 22개의 새로운 교과목을 지속적으로 개발하고 운영하고 있는데, 매년 5개 이상의 교과목을 추가 개발하고 운영한다. 특히, 학부와 대학원에서 인공지능과 관련된 새로운 전공들을 도입하고 있는데, 학부의 경우 연합 전공으로 인공지능 반도체 공학 전공, 인공지능 전공이 있으며, 대학원의 경우 협동 과정으로 인공지능 전공, 스마트 시티 글로벌 융합 전공, 글로벌 스마트 팜 전공 등이 신설되었다.

서울대학교는 개방형 혁신 연구 생태계를 구축하고자, SNU 창업 밸리 조성 및 인프라를 강화하고, 융복합 선도형 연구 활성화를 위해 노력하고 있다. SNU 창업 밸리 조성 및 인프라 강화를 위해서는 기술 창업 허브로 키우는 '관악S밸리'를 조성 중이며, 시흥 캠퍼스 특화 분야(의료 바이오, 모빌리티 등) 창업 생태계를 활성화하고 있다. 또한, 융복합 선도형 연구 활성화를 위해서는 2개 계열 2개 단과대학(원) 이상, 3개 학과(부) 이상 참여하도록 하여 연구팀을 구성하고 진행하고 있다.

연구자 중심의 연구 지원 체계를 강화하기 위해서는 S-Space라는 서울대학교 생산 연구 업적물 공유 저장소 운영을 통하여 빅 데이터 분석 시스템을 구축하고 있다. 이와 함께 빅 데이터와 인공지능 기술을 활용한 새로운 연구 주제와 영역을 발굴하고 있다.

서울대학교는 K-MOOC(한국형 대규모 온라인 공개 강좌)를 개발 및 운영하며 4차 산업혁명과 관련된 새로운 강좌를 개발하고 이를 통해 사회 공헌과 지식 나눔을 이끌어내고 있다.

인천대학교 :: Incheon National University_대한민국

인천대학교(INU)는 혁신적인 교육을 위하여, 글로벌·평생 학습 역량을 갖춘 인재 양성에 초점을 맞추고 있다. 이를 위하여 핵심 역량 간의 체계 구축을 위한 교과-비교과 교육 과정을 연계 추진하고 있다.

2022년부터 인천대학교는 핵심 역량(5C→6C) 개편으로 학과별 교육 과정 개편 시 모든 교과목에 핵심 역량 매핑을 진행해 왔으며, 학생역량관리시스템(STARinU) 고도화를 통해 변경되는 핵심 역량 및 인증제 체계 개선을 추구하고 있다. 교과 과정 부분에서는 매트릭스 교육 과정과 INU 나노디그리제도를 도입하여 학생들의 참여와 산업 간 연계를 강화하고 있다.

매트릭스 교육 과정으로는 경영자가 교수 대신 교육 과정을 설계하고 '학교 속 기업'을 조성해야 현장에서 필요한 인력을 육성할 수 있다는 개념의 교육과 취업 연계형 매트릭스, 교과 연계형 매트릭스, 창업 연계형 매트릭스로 구성된 교육을 진행하고 있다. INU 나노디그리제도는 매트릭스 제도 교육 과정 중에 핵심이 되는 역량을 나노 디그리제로 구성하여 참여 학생들에게 연계 기업 역량을 인증하는 과정이다.

혁신적인 시스템으로는 융복합 교과목 개설(총 14과목, 572명 수강)과 융복합 교과목 개발 연구 지원 사업(5개)을 실시하여 교육 체계를 구축하고 있다. 취·창업 지원체계 강화를 위하여 비교과 프

로그램을 지속적으로 개설하고, 단계별 학생 수요 맞춤형 프로그램을 운영하며, 대학일자리플러스센터 사업 수주를 통한 취업 지원과 인프라 확충을 이루고 있다.

학생역량관리시스템(STARinU) 개선의 활성화도 혁신적인 시스템을 위해 중요한 역할을 하고 있는데, 비교과 프로그램 운영 및 데이터 관리를 관리하고 있다. 학생역량관리시스템은 전공 교육 과정 및 핵심 역량 개편 내용을 시스템에 반영, INU 서프라이즈SURPRISE 인증 제도 고도화 내용 반영, 인증 제도 소개 페이지 최신화, 커리어 패스 메뉴 신규 구축, 졸업생 취업 과정 및 경로 추적 조사, 취업 가이드 모델 개발, INU 로드맵 포틀릿 구축, 비교과 인증 현황 포틀릿 변경 등 메인 화면 개선 등을 통하여 고도화되고 있다.

관·산·학 협력 체계와 정보 시스템 구축은 가족 회사 협의체 및 미니 클러스터 활동 및 글로벌 아시아, 창업 IT 도서관 '이룸관' 신축 개관으로 이루어지는데, 이러한 노력들은 학생들의 폭넓은 학습 경험과 산업적 요구에 부합하는 새로운 교육 및 혁신적인 시스템을 구축하기 위한 다양한 영역에서 진행되고 있다.

국립싱가포르대학교 :: National University of Singapore_싱가포르

국립싱가포르대학교(NUS)는 혁신적인 교육 과정 및 다양한 프로그램을 제공하여 학생들의 학습과 경험을 향상시키고 있다.

혁신적인 교육 중 하나인 학위 프로그램(DDP)은 학생들이 자유롭게 설계하는 프로그램으로 학생들은 NUS와 파트너 기관에서 모두 학위를 취득할 수 있도록 하고 있다.

선구적인 학제 간 학습을 위하여, 예술 및 사회과학부(FASS)와 과학부(FOS) 학생들을 위한 향상된 학부 경험을 제공하는 인문과학대학(CHS)을 공식 출범(2020)하였으며, 아시아 연구, 통합 사회과학, 통합 인문학 및 과학 탐구의 2개 모듈을 다루는 5개의 새로운 통합 모듈을 구축히고 있다. 또한, 학습 능력을 확장하기 위해 읽기, 쓰기, 비판적 사고 및 수리력의 강력한 기초를 구축하는 6개의 일반 교육 모듈도 구축하고 있다.

미래 인력 양성을 위하여 추아 티안 포$^{\text{Chua Thian Poh}}$ 커뮤니티 리더십 센터(CTPCLC)에서 차세대 지역 사회 리더를 육성하고 300여 개의 국제 파트너 대학을 통한 글로벌 학습 경험을 제공하고 있으며 평생 학습 문화 증진을 위하여 글로벌 온라인 교육 포털인 edX 와의 파트너십 체결을 하고 있다.

산업 혁신을 위한 연구 전개를 위한 대표적인 프로그램으로 AI 싱가포르(AISG) 프로그램은 과학 분야의 연구 및 인재 육성을 도모한다.

기업가 정신 함양을 위해 NUS 해외 캠퍼스$^{\text{NUS Overseas Colleges}}$(NOC) 프로그램을 실시하여 기업가 정신을 갖춘 학생들을 위한 글로벌 창업 인턴십 및 기업가 과정을 제공하고 있다. 국립싱가폴대학교는 학생들에게 풍부한 학습과 기업가 정신을 가르치며, 산업 및 연구 분야에서 혁신적인 리더로 성장하고 있다.

칭화대학교 :: Tsinghua University_중국

칭화대학교는 국내외 주요 인공지능AI 기업들과의 연구 협력을 통해 AI 기술 분야를 선도하는 혁신적인 교육을 제공하는 대학이다. 혁신적인 교육 및 특성으로는 AI 연구 센터 설립을 통하여 텐센트, 소후, 구글 등과 협력하여 2018년 AI 인재 822명을 보유하며 세계 최대 규모의 AI 연구 인력을 보유하고 있다.

'교차신식핵심기술연구원'이라는 AI 연구 센터를 2019년에 설립하여 핀테크, AI칩, 스마트 시티 등 핵심 분야 연구를 진행하며 AI 분야 인재 육성을 위한 베이징 인공지능 아카데미Beijing Academy of Artificial Intelligence를 설립하였다.

싱지엔서원行键书院의 이과와 공과 융합 학부에서 미래기술학원을 운영하는데, 미래 산업에 특화된 신기술을 전공하는 학과인 소프트웨어, 빅 데이터, 클라우드, 인공지능AI, 블록 체인, 가상현실VR 등의 전공을 포함하고 있으며, 또한 역학 분야 인재 양성에 주력하고 있는데, 자동차 공학, 항공 우주, 에너지 공학 등 학과 간의 강점을 결합하여 극대화하고자 한다.

지멘스 PLM 소프트웨어Siemens PLM Software와 파트너십 체결로 기업들과의 협력을 통해 교육과 교과 개발을 적극적으로 추진하고 있다. 이러한 노력을 통해 교육과 연구에 대한 지속적인 혁신을 추구하고 있으며, AI 및 미래 산업 관련 분야에서 필요한 혁식적인 교육 체계를 구축하고 있다.

이처럼 세계의 우수한 대학들은 교육 혁신을 위해 많은 변화를 추구하고 있으며 앞서 살펴본 20개 대학에서 발견한 공통된 특징은 다음과 같다.

첫째, 교육 및 연구에서 첨단 기술을 활용한 온라인 학습 플랫폼과 AI 기반 교육 시스템을 제공하고 있다. 이를 통해 학생들의 학습 참여를 촉진하고 학생의 필요와 능력에 맞게 맞춤화된 교육을 전달하기 위한 노력하고 있다.

둘째, 기업가 정신 및 기업 연계 프로그램을 제공하고 있다. 이를 통해 학계와 업계의 격차를 해소하기 위한 노력을 하고 있으며 다양한 창업 프로그램과 기업 프로젝트에 참여하여 실무 중심의 경험과 지식을 쌓고 직업과 연결될 수 있도록 하는 실제적인 과정을 운영하고 있다.

셋째, 글로벌 프로젝트를 통해 글로벌 관점 및 문화적 다양성에 대한 이해를 높이고 글로벌 이슈에 대해 창의적이고 지속 가능한 해결책을 탐색할 수 있는 기회를 제공한다.

넷째, 학제 간 학습에 중점을 두고 다양한 연구 분야를 혼합하여 학문적 지식을 확장하고 보다 전체적이고 통합적인 학습을 경험하도록 한다.

다섯째, 참여형 수업, 소규모 수업, 협업 학습, 실제 문제 기반 프로젝트 학습 등 학생 중심의 학습을 제공하고 있으며 교수와의 직접적이고 긴밀한 상호 작용을 할 수 있는 교육 환경을 구성하고 있다.

여섯째, 유연성과 적응성이 반영된 유연한 학사 운영과 다양한 학위 프로그램을 제공하고 있다.

대학별 고유한 정체성과 강점을 반영한 차이점도 살펴볼 수 있었다. 매사추세츠공과대학^{MIT}은 MIT 미디어 랩^{Media Lab}이란 학제 간 연구 기관을 운영하며 기술, 멀티미디어, 과학, 예술, 디자인 융합 프로젝트를 진행하고 있다.

하버드대학교는 모든 하버드 학생, 교수진, 졸업생이 참여 가능한 학제 간 협력과 혁신을 장려하는 하버드 이노베이션 랩^{Harvard Innovation Lab}(i-lab)과 생명 과학 분야의 혁신과 기업가 정신을 육성하기 위한 혁신적인 공간 라이프 랩^{Life Lab}을 운영하고 있다.

아리조나주립대학교는 지역 사회 파트너십과 같은 산업 협력 및 지역 사회 참여를 비중있게 다루고 있으며 캘리포니아공과대학과 칭화대학교는 과학자 및 엔지니어 간의 획기적인 연구와 기업 활동을 육성하기 위한 혁신적인 프로그램을 운영하고 있다.

이렇듯 이 대학들은 변화하는 교육 환경에 적응하기 위해 노력하고 있다. 이러한 모든 변화에 대응하여 대학은 학제의 유연성을 확보하고 미래의 디지털 혁명에 의한 사회 변화에 능동적으로 적응할 수 있는 구조가 필요하다.

4장

대학 학문 구조의
혁신

4장에서는 세계 선진 대학들의 혁신적인 움직임을 우리나라 대학이 보다 효율적으로 진행하기 위해서 학제의 유연성과 의사 결정의 편리성이 가능하게 하는 방법을 살펴보고자 한다. 이것은 대학 조직 변화를 어떻게 유연하게 할 것이며, 미래의 인재상이 실현될 수 있는 수요자가 선택하는 학사 구조와 교육 과정의 혁신을 어떻게 할 것인가에 대한 고민이다.

|1| 대학 구조 체계의 혁신

대학 구조 체계는 플랫폼 혁신을 통한 인재 육성과 학사 구조 측면에서 그 혁신의 방향을 생각할 수 있다.

대학 플랫폼 혁신을 통한 인재 육성

미래 사회에 맞춘 대학의 플랫폼 혁신은 결국 4차 산업 친화형 인재를 대학이 육성할 수 있어야 할 것이다. 한국과학창의재단에서 제시한 미래 인재상을 보면 앞으로 대학생이 키워야 할 역량은 널리 확산되어 있는 디지털 인프라 속에서 과학 기초 지식과 휴머니티Humanity를 기본으로 공유와 협력, 나눔과 봉사, 문제 해결 능력, 창의력, 기업과 정신과 변화 적응력, 의사 소통 능력이다. 따라서 미래의 사회가 원하는 신입 사원은 생물학이나 화학과 물리학 과목을 한두 개 더 들은 사람이 아닌, 조직에 몰두하고 구성원과 화합하며 성실한 자세로 전력 투구하는 창조적 인재이다. 이에 대학 플랫폼의 혁신도 여기에 맞추어야 한다. [표 3]의 내용은 새로운 플랫폼 혁신의 인재 육성을 뒷받침하고 있다.

그러기 위해서 다음의 대학 학사 구조 혁신의 내용처럼 전 계열 통합형 인재 모집 단위를 광역화 학사 구조로 변화시키고 수요자 중심의 대학으로 추진해야 한다. 대학이 사회 변화에 쉽게 적응이 가능한 조직으로 그 기능을 유연화함으로써 [그림 4]와 같이 미래 산업 사회가 필요로 하는 인재 육성을 대학에서 담당해야 한다.

[표 3] 인재 역량

기업체가 원하는 대학 졸업자		하버드대학교 면접관
도덕성·인성	23.5%	사람 됨됨이가 바르고 인정이 있는가?
팀 워크	13.6%	타인과 조화하며 조직에 융화할 수 있는가?
문제 해결 능력	13.6%	남을 배려하고 어려운 이를 도울 줄 아는가?
인내력	13.3%	실패하거나 좌절했을 때 극복할 수 있는가?
의사 소통 능력	10.4%	지인들로부터 어떤 신뢰를 받고 있는가?
도전 정신·열정	10.3%	창의성과 리더십, 유머와 센스를 갖고 있는가?
회사 직무에 대한 이해	9.1%	새로운 도전 상황에서 어떻게 대처하는가?
직무 관련 지식	6.2%	

출처 : 한국직업능력개발원(2016.12.14); 이승우 & 양윤정(2023)

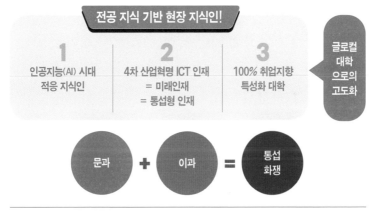

[그림 4] 대학 인재 육성 방안

그 내용으로는 현재의 대학이 가지고 있는 폐쇄적 학사 구조의 혁신을 통해서 유연한 조직 체계를 구축함과 동시에 인공지능 시대에 능동적으로 적응할 수 있는 지식인이 되도록 할 것이다. 4차 산업혁명이 가져올 산업 사회 변화에 적응할 수 있는 ICT 인재, 100퍼센트 취업 지향 특성화 대학으로 현장 지식인으로서의 통섭·화쟁형 인재 육성이 그것이다.

미래의 유망 학문 단위는 인지과학Cognitive Science, 의사결정과학Decision Science, 비즈니스분석학Business Analytics, 인공지능AI: Artificial Intelligence, 로보틱스Robotics, 그린에너지Green Energy, 의생물공학Biomedical Engineering, 기업학Entrepreneurship, 통합디지털미디어Integrated Digital Media라고 할 수 있다. 이러한 미래 학문 단위는 전문 지식으로 선택될 것이고 전문 지식 근간에는 위 그림에서 보듯이 미래 사회 변화에 적응하고 그 변화된 기술을 전문 지식과 잘 융합하는 통섭과 화쟁형 인재로 육성 방향이 설계되어야 한다.

대학 학사 구조 혁신

지금까지 국내에서는 학과 통폐합은 교수들의 반대로 완성되기 어려운 과제였다. 그러다 보니 새로운 첨단 혹은 수요가 많은 전공을 신설하는 방향에서 의사 결정이 이루어져 왔다. 결국, 이러한 의사 결정은 교수 수의 증가와 고정 경비의 증가로 대학 경영을 악화시키는 환경을 만들었다. 그러나 최근 인구 절벽과 디지털 혁명으로 학생 수와 진학률 감소로 대학의 리스크를 줄이기 위해서 학과의 통폐합이 조금씩 진행되고 있다. 대학교의 유형을 굳이 분류한다면 [그림 5]와 같이 전통형과 하이브리드형 그리고 학사 구조의 유연성과 학생 전공 선택권이 보장되는 미국의 발전된 아이비리그 형태가 있다.

	❶ 전통적 사일로(SILO)형 (학과별 입학, 4년간 전공수업)	❷ 하이브리드형 (선택적 광역 모집)	❸ 미국 아이비리그형 (전 계열 통합 광역 모집)
4학년 3학년 2학년 1학년	4년간 입학전공 이수	기계공학 회계학 화학공학 마케팅 수학 전자전기 재무론 물리학 공과대 경영대 이과대 Leberal Art College(LAC) 2학년에 전공 선택	Art History / Bio Chemistry / Computer Science / Regional Study / Philosophy Leberal Art College(LAC) 2년간 다양한 분야 마음껏 공부 3학년에 전공 결정
특징	① 학생/교수의 높은 소속감 ② 교수 철밥통의 주된 원인 ③ 용이한 학생 행정 ④ 다양한 사회 수요 불충족 ⑤ 통섭/융합형 미래 인재 양성 불가능	① 유사 전공 통합 모집 2년 후 전공 선택 ② 기초 학문 분야는 LAC를 통해 이수 ③ 융·복합 인재 양성 ④ 교수의 반대	① 기초 학문 학습 후 전공 탐색 ② 전공 선택권 철저히 보장 ③ 문과, 이과 융·복합
	동국대 | 서울대 | 연세대 | 고려대 | 국내 다수 대학	성균관대 | 중앙대 | 서강대 | 홍콩 과기대 | 난양공대	카이스트 | MIT | 하버드 | 스탠포드 | NYU

[그림 5] 대학 학사 구조의 유형 구분

① 전통형

전통형은 학과별로 입학해서 4년간 전공 수업을 이수하는 우리나라가 일반적으로 가지고 있는 형태이다. 전통형의 특징은 학생과 교수 간 높은 소속감이 있지만 학사 행정과 다양한 사회 수요의 충족을 만족시키지 못하고 통섭·융합형 미래 인재 양성이 불가능하다는 특징을 가지고 있다. 이러한 이유는 일단 교수가 되면 정년이 보장되는 제도가 주된 원인으로도 생각해 볼 수 있다.

② 하이브리드형

하이브리드형은 선택적 모집 단위 광역화로 성균관대학교, 중앙대학교, 홍콩과기대, 난양공대 등이 이러한 형태를 취하고 있다. 하이브리드형은 유사 전공은 통합 모집을 하고 2년 후에 전공 선택을 하는 형태이고 기초 학문 분야는 학부 중심 대학Liberal Arts College(LAC)을 통해 이수하며 융·복합 인재 양성이 가능하다는 특징을 갖고 있다. 하지만 이 형태는 학과나 전공의 학생수 감소로 학과 폐쇄의 위험이 있어서 일반적으로 교수가 반대하는 형태이다.

③ 아이비리그형

아이비리그형은 전 계열 모집 단위를 통합하여 광역화하는 형태로 카이스트, MIT, 하버드대학교, 스탠포드대학교 등이 여기에 속한다. 아이비리그형의 특징은 기초 학문을 충분히 학습하고 전공 탐색의 시간을 가질 수 있으며 전공 선택권을 철저히 보장한다. 그리고 문과와 이과의 융·복합 학습이 가능한 형태이다.

　　미래가 원하는 인재를 육성하려면 교수 중심, 학과 중심, 학과별 모집, 입학 시 전공 선택을 해야 하는 지금의 폐쇄된 구조에서 학생 중심, 전공 간 장벽 제거, 계열별/대학별 모집, 3학년에 전공을 선택할 수 있는 [그림 6]과 같이 수요자 중심의 교육 패러다임 구조로 변화되어야 한다.

[그림 6] **수요자 중심의 교육 패러다임**

관련하여 현재 교육부에서 '글로컬대학30' 프로젝트를 추진하고 있는 것은 다행스러운 일이다. 모집 단계에서는 무전공(학과) 모집, 모집 단위 축소 및 광역화, 무전공 및 자율 전공의 확대로 학생 선택권이 보장된다. 재학 단계에서는 전과와 전공 선택 유연화와 학점 및 학기제 다변화로 자유로운 전공 선택과 학과 변경이 가능하며 변경 권리가 보장된다. 졸업 단계에서는 복수와 다전공 활성화, 모듈형과 선택형 교육 과정, 마이크로 디그리micro degree 과정 획득 등 맞춤형 학위와 전공 확보가 가능해졌다. 이처럼 보다 유연하고 자유로워진 진로 변경과 보다 용이한 사회 진출 기회가 확대될 학사 구조의 벽 허물기는 우리 교육이 미래로 나아가는 단절적 혁신에 한발 다가가는 것이라 할 수 있다.

2025년 지역 혁신 중심 대학 지원 체계(RISE) 도입에 연계하여 지역 차원 대학의 혁신 과제 추진을 지원하도록 협력하는 움직임(교육부, 2023)은 이 프로젝트가 한결 탄력을 받을 수 있게 할 것으로 생각된다. 이렇게 프로젝트가 더욱 탄력을 받기 위해서는 대학마다 창의적으로 특성화하고 대학 안에서는 교수와 학생 모두 학과를 초월하고 소속을 초월하는 자율적 구조 조정이 쉽게 이루어질 수 있는 방향으로 혁신되어야 한다. 이렇게 되어야 유연한 대학의 체계가 구축되어져 의사 결정이 쉽게 이루어지게 되고 조직을 능동적이고 적극적으로 변화시키고자 할 때 쉽게 추진될 수 있다. 이러한 것은 결국 경제의 동태적 발전의 동인으로서 기업가 혁신의 5가지 유형을 제시한 슘페트처럼 창조적 파괴와 같은 혁신이다.

|2| 교육 과정 운영의 혁신

학문 구조와 학습의 혁신이 아무리 추진된다 해도 앞에서 교수의 역할에 대해서 논의한 것처럼 학부와 대학원 과정에서 학습한 내용을 그대로 지식 전달의 방식만으로는 미래의 변화에 만족하는 교수법이 되지 못한다. 해서 앞으로 교수법에 대한 이수가 반드시 대학에서는 진행되어야 한다. 새로운 형태의 강의나 교육에 대한 교수법 이수 의무화, 그리고 이를 보조하는 디지털 프로그램이나 컴퓨터 사용 관련한 지식도 교수들이 새롭게 습득해야 할 것이다. 이러한 교수들의 변화를 전제로 대학에서는 교과 과정의 혁신과 대학 구조를 언제든 인재 육성의 목표나 재정 건전성 등 지속 가능한 대학의 발전을 위해서 바꿀 수 있도록 유연성을 구축해야 한다.

대학 학문 구조의 혁신은 앞에서 논했던 학사 구조의 유연성을 전제로 한 대학 구조 체계의 혁신과 교육 과정 혁신으로 완성되어야 할 것이다. 교과 과정의 혁신은 다음에서 논의하는 것처럼 창의적이고 융합적 인재의 육성이 가능한 형태의 교육 체계로 바뀌어야 한다.

융합·개방형 교육 체계 강화

저자가 보기에 앞으로는 경계 없는 열린 교육 체계 구축 및 운영, 공유와 협력 그리고 상생 교육 네트워크 구축을 통한 미래 사회를 선도하는 장벽 없는 교육 체계를 확산해야 한다. 평생 교육 지원 체계를 고도화하고 플랫폼으로서의 대학이 교육 수요자와 인재 수요자의 요구에 충족히는 모형을 통하여 지속 가능한 선순환 장화 제도를 운영하는 생애 주기 단계별 수요자 맞춤형 교육 체계 구축과 운영이 필요하다.

미래 사회를 선도하는 전공별 장벽 없는 교육 체계를 확산할 수 있는 교육 모델의 시급한 구축은 융복합 교육 체계의 강화를 통해서 가능할 것이다.

정부의 권고에 의한 동국대학교의 2023년 추진 현황은 다음과 같고 필사적으로 대학이 변화할 수 있도록 다양한 당근과 채찍을 함께 하고 있다.

- 학생의 전공 선택권 확보 및 학문 구조의 유연화를 위한 신입생 광역화 모집 확대 : 2025학년도까지 광역화 모집 비율(19% → 26%로 증가)
- 국내·외 대학 간 공동 교육 네트워크 구축 및 운영
- 전공의 벽을 넘는 유연한 MT(모듈-트랙) 전공 교육 과정 플랫폼 구축 및 운영(매해 20개 학과 개편을 통해 2025학년도까

지 전교적 시행)

- 다전공 활성화를 통한 학생의 실질적 학습 선택권 및 전공 선택권 보장 : 다전공 이수 학생 비율 = 2023년 25.2% → 2025년 29.5%
- 융합 교육 운영 모델에 기반한 다양한 전공 교육 프로그램 (마중교과목 → 나노·마이크로 디그리(nano·micro degree) → 연계 전공(학생 설계 전공) → 융합 전공) 개발 및 운영

이 중 전공의 벽을 넘는 유연한 MT(모듈-트랙) 전공 교육 과정 플랫폼 구축 사업은 자발적인 융합 교육 과정 설계를 가능하게 하여 다전공을 활성화시키고 학생의 실질적 전공 선택권을 보장한다 ([그림 7] 참조).

하나의 덩어리로 존재하는 학과의 교육 과정을 모듈 단위로 조각내어 모듈 교육 과정 플랫폼을 구축하면 교육 수요자들이 다양한 모듈을 활용하여 자기 주도적으로 모듈을 조합하여 원하는 융합 교육 과정을 설계할 수 있다. 이러한 과정을 통해 연계 전공, 융합 전공, 학생 설계 전공, 마이크로 디그리, 나노 디그리 등 다양한 전공 과정이 개발되며 융합·개방형 교육 체계가 강화될 수 있다. 현재 운영하고 있는 동국대학교도 많은 선견 과제를 안고 있다. 예를 들면 [그림 8] '전 계열 광역 통합 모집'과 같이 대학 전 과정에 걸친 학사 구조의 유연성이 확보되지 않은 상황에서는 그 효율성

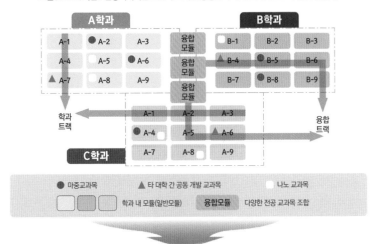

교육 과정의 전교적 모듈화

모듈(Module)이란? 전공지식기반 또는 수요기반 공통된 주제의 교과목으로 구성된 집합체

A학과

A-1	A-2	A-3
A-4	A-5	A-6
A-7	A-8	A-9

융합 모듈
융합 모듈
융합 모듈

B학과

B-1	B-2	B-3
B-4	B-5	B-6
B-7	B-8	B-9

학과 트랙

융합 트랙

C학과

A-1	A-2	A-3
A-4	A-5	A-6
A-7	A-8	A-9

● 마중교과목   ▲ 타 대학 간 공동 개발 교과목   ☐ 나노 교과목

☐☐☐ 학과 내 모듈(일반모듈)   융합모듈 다양한 전공 교과목 조합

모듈 조합을 통한 다양한 형태의 융합 교육 과정 지원

전공 간 다양한 융합 교육 과정 설계 및 제공

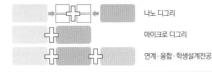

나노 디그리

마이크로 디그리

연계·융합·학생설계전공

대학 간 융합 교육 과정 설계 및 제공

▲ 타 대학 간 공동 개발 교과목

▲ ➕ 타 대학   대학 간 공동 마이크로 디그리

학생이 선택 가능한 다양한 전공 이수 유형

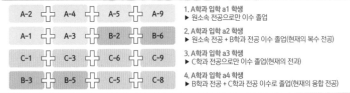

A-2 ➕ A-4 ➕ A-5 ➕ A-9
1. A학과 입학 a1 학생
▶ 원소속 전공으로만 이수 졸업

A-1 ➕ A-3 ➕ B-2 ➕ B-6
2. A학과 입학 a2 학생
▶ 원소속 전공 + B학과 전공 이수 졸업(현재의 복수 전공)

C-1 ➕ C-3 ➕ C-6 ➕ C-9
3. A학과 입학 a3 학생
▶ C학과 전공으로만 이수 졸업(현재의 전과)

B-3 ➕ B-5 ➕ C-5 ➕ C-8
4. A학과 입학 a4 학생
▶ B학과 전공 + C학과 전공 이수로 졸업(현재의 융합 전공)

전공의 벽을 넘는 다양한 융합 전공 교육 설계 및 제공을 통한 화쟁형 미래 융합 인재 양성

[그림 7] 융복합 교육 과정 설계지원을 위한 동국대학교 모듈교육 과정 체계

이 크게 반감할 것이다.

　대학 내의 융복합 연계 교육 과정이나 대학 간 융합 교육 과정 설계, 그리고 다 국가의 대학 간 융합 교육 과정 설계 등으로 미래는 인터넷 플랫폼 교육 과정이 활발해지고 시공을 초월해서 교육을 받을 수 있게 되는 교육 혁신이 일어날 것이다. 이러한 융복합 교육이 일반화될 때 전공을 버렸다는 이야기도 자연스러워질 것이고 대학 졸업 후 사회에 진출할 때는 선택의 폭도 넓어지고 어디서든 자연스럽게 업무에 적응할 수 있을 것이다.

[그림 8] 전 계열 통합 광역 모집

　현재 기업 종사자들은 디지털 혁신에 따른 미래의 기술에 대한 막연한 두려움이 있고 또 승진이나 전직을 위해서는 현장 중심의 기술 습득이 필요하다고 생각한다. 이러한 것이 결국 졸업 후 4~5

차에 걸친 교육 수요자가 미래에는 생긴다는 이유이다. 대학의 입장에서는 이러한 잠재적 교육 수요자는 학령 인구 급감과 진학률 감소에 따른 등록금 수입 감소에 대한 새로운 수입원으로서 고려할 만한 가치가 있다. 대학은 등록금 감소에 따른 재정 리스크를 해소할 수 있는 방안으로 고려하고 대학에서는 이러한 교육을 어떠한 개방형 모델로 추진할 것인가를 고민해야 한다. 기업 종사자는 대학의 학부에서 전공 교육을 받을 때 수강했던 기초 학문 분야까지는 필요하지 않다. 현장 중심의 나노 디그리의 단기 과정과 같은 특정 기술 분야의 내용과 단기 이수 과정이 필요한 것이다.

지금 대학은 어떠한가? 전문 기술을 가진 교수가 재직하고 있음에도 나노 디그리 단기 교과 과정의 설계를 지시할 수 있는 근거나 추진 체계가 없다. 교수 개인이 의지를 가지고 자발적으로 나서야만 가능하다. 현재 대학의 조직적 체계에서 특별한 개발비와 운영 관련 비용을 추가로 편성하지 않는 한, 총장의 지시만으로는 새로운 추가적 업무가 실현되기 어려운 것이다. 결국 대학 재정의 건전성을 위한 새로운 개방형 교육 제도나 프로젝트를 추진하고자 하더라도 이를 추진할 동력을 만들지 못하는 것이 현재 대학의 조직 구조이다. 예를 들면 대학 내 융합교육원이라는 나노 단기 교과 과정을 설계할 수 있는 기관이 있어서 여기서 개발된 교과 과정을 일명 평생교육원이라고 하는 기관이 기업에 영업을 통해 교육 프로그램을 제공하고 수강료 수입을 대학이 얻는 구조를 생각할 수 있다. 이 경우에 교과 과정 개발비와 기업에의 마케팅 비용 그리고 관리비가 인건비를 통해서 지출되어야 하는데 현재의 대학에서는 이렇게 추진할 수 있는 예산의 여유가 없다는 것이다. 단순하게 말로만 개방형 대학을 추구한다고 하지만 기본적인 인프라를 구축하는 데는 많은 예산이 필요하고 이러한 예산의 확보 없이는 소원한 이야기이다. 앞으로 몇 번이고 강조하겠지만 미래를 위한 재정의 건전성 확보가 무엇보다 필요하다 하겠다. 예산도 부족하고 구성원들은 필요성을 인식하고 있지만 자기의 일이 아닌 것처럼 생각하고 능동적으로 아무도 움직이지 않을 때 필요한 것은 그것을 추진할 총장의 리더십이 아닌가 생각한다.

디지털 기반 맞춤형 교육 과정 체계 고도화

앞으로 대학 교육은 전 대학생들에게 디지털 역량Digital Competency 교육을 강화하고 디지털 네이티브 세대에 대응하는 교육 콘텐츠를 개발하며 교수와 학생 역량 강화 프로그램을 운영 지원하고 메타버시티Metaversity 교육 플랫폼을 구축하여야 한다. 스마트 교육 환경 조성으로 스마트 강의실 구축과 운영의 고도화 그리고 에듀테크Edutech 교육 확대를 위한 대학 내 기반을 마련하여 디지털 기반 교육 과정을 한결 강화해야 할 것이다. 또 디지털 기반 기초 소양 교육 강화를 위해서 디지털 리터러시와 코딩 역량 계발을 위한 계열별 수준별 소프트웨어·인공지능 교양 교육 과정 확대와 실습 위주의 소프트웨어 기초 심화 교육을 통해 학습 과학 기반 학생 수준별 학업 역량을 제고하여야 한다. 교육의 질 관리를 위해 교육 결과를 교육 과정에 반영하는 환류 체계를 고도화하여 학생 맞춤형 전공 탐색 지원을 강화할 필요가 있다. 또 맞춤형 학생 성장 프로그램을 고도화하는 교육 수요자 맞춤형 교육 서비스 강화를 추진해야 한다.

글로벌 교육 과정 네트워크 강화

미래 대학은 국내의 대학 연합 공동 교육 과정만이 아니라 글로벌 공동 교육 과정을 운영하고 글로벌 교수·학생 지원 네트워크도 강화하는 글로벌 교육 체계 및 역량을 강화해야 할 것이다.

대학 간 공동 교육 네트워크 구축 및 운영은 아직 시작 단계이긴 하지만 더욱 확대되어야 할 것이고 해외 대학과 글로벌 공동 교과목Global Team Teaching Program(GTTP) 개발과 확대를 통한 해외 대학과의 교육, 교류를 통한 글로벌 역량을 강화할 수 있도록 해야 할 것이다. 국내·외를 망라한 교육 자원 공유 및 양질의 교육 콘텐츠 공동 개발과 확산을 통해 공유 성장형 고등 교육 생태계를 조성해야 할 것이다.

데이터 기반 교육 수요자 맞춤형 교육 서비스 강화

2015년에 저자가 동국대 미래인재교육원장 재임 당시, 성공적인 사회 진출을 위한 맞춤형 학생 지원 시스템을 강화하기 위해 노력했다. 이때 개발한 [그림 9]와 같은 동국대학교의 드림패스DreamPATH 시스템은 입학부터 졸업까지 학생의 전 과정을 아우르며 진로를 위한 맞춤형 관리를 지원하는 체계를 갖추었다.

대학은 지속 가능한 교육을 목표로 삼아야 하기에 일시적인 교육이 아닌 현실에 부합하는 교육 환경을 조성하고자 노력했으며 이를 위해 드림패스 시스템은 웹 기반의 e-포트폴리오 시스템으로써 학생이 다양한 교육적 활동을 기록하고 평가할 수 있도록 했다. 또한, 드림패스 시스템은 학생 중심의 교육 서비스를 강화하기 위해 다음과 같이 다양한 노력을 기울였다.

첫째, 학생들이 최신 트렌드와 빅 데이터, 인공지능을 활용하여 비전 설정과 경력 개발을 위한 커리어 로드맵을 설계할 수 있도록 했다.

둘째, 설정된 목표에 따라 본인이 지닌 역량이 무엇인지 진단하도록 하였고. 자신이 제시한 진로에 어떠한 역량이 필요한지를 파악하여 해당되는 교과, 비교과 역량 개발 활동을 추천하도록 하였다.

셋째, 부족한 부분은 상담을 통하여 피드백하고 e-포트폴리오를 구축해 나가며, 이를 통해 성공적인 사회 진출의 발판을 마련하도록 하였다. 이때 수요자 맞춤형 진로상담뿐 아니라 취업 상담, 심리 상담까지 모든 분야에서 학생 중심의 e-포트폴리오를 구축해 나가도록 만들었다. 마지막으로, 드림패스는 마일리지 제도를 통해 학생들이 다양한 비교과 활동을 하게 만들었고, 마일리지(포인트)를 획득하여 동기부여를 가질 뿐 아니라 장학금 혜택을 받을 수 있도록 구축하였다.

더불어 2023년에는 [그림 10]과 같이 학습 이력 및 경력을 디지털로 증명하고 관리하는 방식으로 학생 중심의 기술 지식, 경험, 역량을 시각화하도록 디지털 배지^{Digital Badge}를 도입하였다. 디지털 배지는 복잡하고 다양한 교육 환경 변화 수요에 대응하기 위하여 만든 것이며, 이는 학생 성과 동기 부여를 위해 교과, 비교과, 단기 교육 과정을 모두 한 곳에서 관리하므로 '질적 신뢰성'을 제공하여 기술, 역량에 대한 '직관적 인식'을 할 수 있도록 하였다.

종합적으로 데이터 기반 교육 수요자 맞춤형 교육 서비스를 강화하기 위해, 앞으로도 드림패스를 통해 학생들은 미래의 인재상에 부합하는 역량을 함양하게 되고, 디지털 배지를 활용하여 그 활용도를 강화할 것이다.

이러한 혁신적 교육 방향성을 더욱 구체화하기 위해, 전 세계적으로 시행되고 있는 혁신적인 교육 사례와 관련 데이터를 살펴보는 것이 중요하다.

[그림 9] 동국대학교 학생 지원 관리 시스템 드림패스의 구성

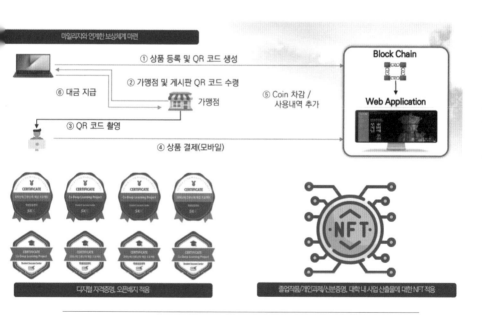

[그림 10] 동국대학교 디지털 배지 가상 체계도

예를 들어 하버드대학교는 2020년부터 온라인 학습 플랫폼을 확장하여 다양한 강좌를 제공하기 시작했다. 이러한 변화는 학생들에게 유연한 학습 시간과 과목 선택의 다양성을 제공하며, 전 세계 어디에서나 교육에 접근할 수 있는 기회를 마련했다. 실제로 국제 교육 통계에 따르면, 2020년부터 2022년 사이에 온라인 교육 프로그램에 참여하는 학생 수가 30퍼센트 증가했으며, 온라인 학습을 통해 학생들은 자기 주도적 학습 능력을 향상시키고 전통적인 교실 학습 대비 평균 25퍼센트 더 높은 성취도를 보였다.

또한 싱가포르의 한 중학교에서 인공지능을 활용한 맞춤형 학습 도구를 도입했는데 이는 학생들의 학습 스타일과 진도에 맞춰 개인화된 학습 자료를 제공하며, 학생들의 이해도를 실시간으로 추적하는 혁신적인 접근 방식을 보여준다. 이 시스템을 사용한 학생들은 수학과 과학 과목에서 평균적으로 성적이 20퍼센트 향상되었으며, 학생들의 학습 참여도는 40퍼센트 증가했다. 이는 기술 기반 학습 도구가 학생들의 학업 성취도와 만족도를 높이는 데 얼마나 효과적인지를 입증한다.

캘리포니아대학교에서 시행된 학습 분석 도구는 학생들의 학업 성취도를 향상시키기 위한 또 다른 예시이다. 이 시스템은 학생들의 학습 패턴을 분석하여 맞춤형 학습 자원을 제공하고, 교수진에게 학생들의 학습 진도와 성과를 모니터링할 수 있는 데이터를 제공한다. 이러한 혁신적 접근은 학생들의 평균 성적을 15퍼센트 향상시키고 학업 중단율을 10퍼센트 감소시켰으며, 학생들의 학습 참여도를 30퍼센트 증가시켰다.

독일의 기술 협력 프로그램은 산업계와 긴밀히 협력하여 실용적인 교육 프로그램을 제공하는 사례이다. 학생들은 실제 기업 프로젝트에 참여하며 현장 경험을 쌓을 수 있다. 이 프로그램을 수료한 학생들의 취업률은 평균적으로 20퍼센트 더 높으며, 참여 기업의 90퍼센트 이상이 졸업생의 성과에 만족한다고 응답했다. 이는 대학과 산업계의 협력이 학생들의 취업 준비와 기업의 인재 수요에 어떻게 기여하는지 보여준다.

마지막으로 스웨덴의 지속 가능한 캠퍼스는 대학이 환경에 미치는 영향을 줄이기 위한 노력을 보여준다. 이 대학은 에너지 효율적인 건물, 지속 가능한 교통 수단의 사용, 캠퍼스 내 재활용 프로그램 등을 도입하여 탄소 배출을 25퍼센트 줄였다. 또한 이러한 지속 가능한 환경은 학생들의 만족도를 35퍼센트 향상시키고, 환경 관련 프로그램에 대한 학생들의 참여를 50퍼센트 증가시켰다.

이러한 다양한 사례와 데이터는 대학 교육의 혁신과 발전을 위한 구체적인 방향을 제시하며, 교육의 미래를 위한 실질적인 아이디어와 전략을 제공한다.

How

어떻게
해야 할까?

5장

교육 경영체로서의
대학 변화

    5장에서는 미래의 대학 교육은 무엇을 해야 할지에 대한 논의와 함께 그것을 어떻게 해야 할지를 살펴보고자 한다. 우리가 무엇을 해야 한다는 것은 그만큼 비용을 전제로 한다. 하지만 인구 절벽과 인구의 노령화 그리고 디지털 혁명으로 인한 대학 진학율 감소는 대학 재무 건전성을 악화시킬 것이다. 즉, 우리가 무엇을 하기 위해서는 등록금 수익에 의존하고 있는 현재 대학의 재무 구조에서 탈피하고 수익의 다양성과 극대화를 위한 계획과 혁신경영의 도구, 그리고 비용 최소화를 위한 구체적인 계획을 수립해야 한다는 것을 의미한다.

    이 계획을 이루기 위해서는 총장의 리더십과 추진을 위한 거버넌스의 능동적이고 적극적인 참여가 있어야 가능하다. 결국, 대학의 학사 구조나 미래 인재 육성을 위한 혁신은 비용이 수반되는 일로서 등록금 수익에 크게 의존하는 현재 상황에서 정부의 새로운 대학의 지원 혁신 방안이 수립되어야 한다. 하지만 정부의 지원만 기다릴 수 없으며 교육수요자의 다양성과 교육 기회의 확장을 통해 새로운 교육 강의 수익 증대를 위한 방안을 마련하고 대학과 국세청의 협력으로 기부금 확대와 대학 스스로의 부동산 임대 수익과 같은 기타 수익을 증대하고 대학 운영에 기업 참여를 극대화하는 방안을 마련하기 위해서는 총장의 리더십이 무엇보다 필요하다.

그러면 대학 총장이 우선시해야 할 것은 무엇인가?

먼저 대학 경영 혁신의 시스템 도입에 대해서 알아보자.

|1| 대학 경영 혁신 - IR 시스템 도입

대학의 경쟁력 강화와 데이터 기반의 의사 결정으로 교육 혁신 및 교육의 질 제고에 대한 대학의 자율과 책무를 다하고, 대학 전반의 데이터 통합 관리 및 분석 또한 필요하다. 교육·경영 성과를 제고하기 위해서는 객관적인 데이터 기반의 전략적 의사 결정 체계가 필수적이다. 4차 산업혁명 시대에는 데이터가 21세기의 원유라고 할 만큼 중요한 의사 결정의 핵심 요소로 작용할 것이다. 이에 저자는 2019년부터 재직 중인 동국대학교에 대학 기관 연구(Institutional Research)(IR) 센터를 설립하고 대학 전반의 의사 결정에 이 기관 연구 시스템을 도입하였다.

IR이라고 하는 개념은 대학에서의 다양한 의사 결정을 데이터 기반에서 체계적으로 지원하기 위한 일체의 활동이라고 할 수 있다. IR은 대학 교육, 연구 및 기타 경영 활동들을 효과적으로 수행하기 위하여 대안과 정보를 제시하고 고등 교육 정책 동향 파악 및 대학 대응 방안에 관하여 데이터 기반 연구를 수행한다는 것을 의미한다(배상훈 & 윤수경, 2016).

IR 시스템이 가지는 목적과 역할은 교내·외 데이터를 수집하고 분석하여 각종 대학 현안 — 학생의 학업 활동, 교수의 교육·연구 활동, 행정 부서의 과업 수행, 미래 대학의 전략적 발전 방안 구축과 추진 등 — 에 전략적이고 선제적인 의사 결정을 지원하며 산재된 데이터를 통합하여 질 높은 데이터를 생성하고 분석하여서 활용하며 환류하는 시스템을 구축함으로써 대학의 지속 가능성과 교육 성과 및 경영 성과를 입증하는 것을 목표로 한다. 또 빅 데이터 분석으로 해결될 수 있는 현안 도출과 솔루션을 제공하며 자율 책임 경영, 목표 제시형 교육 과정 강화 등 대학의 다양한 현안에 합리적인 의사 결정을 지원하는 역할도 할 수 있을 것이다.

2019년에 본 대학에서 추진하고 있는 데이터 기반의 의사 결정 지원체계는 [그림 11]과 같다. 이 IR 시스템은 본인이 총장에 취

[희망 대한민국] ㉔ 빅데이터(Big Data)를 활용한 대학경영

🖊 한국대학신문 | ⏱ 입력 2021.11.14 09:00 | 🗨 댓글 0

대학도 예외는 아니다. 대학경영 전반에 빅데이터가 다양하게 활용되고 있다.

동국대는 학생들 민원을 빅데이터로 예측하고 대응하기 위해 지난 **2019년**
'**데이터 기반 의사결정 지원 체계**'인 IR(Institutional Research) 시스템을 개발했다.
특허등록까지 마친 동국대 IR시스템은 △민원예측 △학부생 중도탈락 예측 △핵심성과지표(KPI) 실적 분석
△대학 기본역량진단 등 대외평가 시뮬레이션 △학생 전주기적 학습활동 분석 등 교직원 대상으로 3개 분야
(경영·행정, 교내외평가, 교육연구) 13개 서비스를 제공한다.

'**경험**' 중심에서 '**빅데이터**' 중심으로 대학의 의사결정 패러다임도 변화해야만 한다.
객관적인 자료와 정보를 바탕으로 전략적이고 합리적인 의사결정을 해야만 대학의 경쟁력을 높이고 생존과
더불어 지속성장이 가능하다. 지속적인 학령인구 감소로 향후 10년 내 세계 대학의 40%가 문을 닫는다고
한다. 국내 대학들도 사정은 비슷하다. 교육부는 향후 2~3년 내 약 40여 개의 대학이 미충원으로 폐교될
가능성이 있다는 전망을 내놓기도 했다.

대학을 둘러싼 대내외 환경변화로 대학의 의지와 상관없이 AI, 융합, 교육혁신을 필두로 하는 4차
산업혁명은 이미 시작됐다. 우리는 이 흐름에서 벗어날 수 없다. 두려움을 벗고 중심을 잡고 유연하게 데이터
중심의 의사결정 시스템을 준비한다면 지금의 위기는 더 나은 기회로 만들 수도 있다.
피할 수 없는 4차 산업혁명의 큰 파도, 빅데이터 중심의 경영만이 헤쳐 나갈 유일한 길이다.

출처 : 한국대학신문(2021)

[그림 11] 빅 데이터(Big Data)를 활용한 대학 경영

임하면서 모든 의사 결정은 데이터 기반에 근거한 명확하고 모든 구성원이 인정할 수 있는 정책 결정으로 하여 구성원의 신임을 얻겠다고 하면서 개발이 시작되었다. 정보처장과 IR 센터장의 노력으로 본인이 생각한 것보다 더욱 좋은 프로그램으로 개발되었고, 특허 등록까지 완료하는 등의 성과를 올렸다. 처음에는 모든 구성원이 반신반의하는 심정으로 시스템을 바라보았지만, 시스템을 통한 대학 관리 결과로 17위에서 2년 연속 9위, 그리고 8위까지 도약하는 성과를 보고 모두가 인정하며 함께 최선을 다하고 있다.

물론, 시스템이 구축되어 있다고 하더라도 그 시스템의 운용 방식에 따라 결과는 달라질 수 있다. 예를 들면 구체적이고 계량적인 목표를 설정하고 목표 달성을 위해서 모든 항목을 검토하고 그 항목들을 예산 효율적으로 목표의 극대화를 위한 최적화하는 의사 결정을 하고 그 근거에 기반한 주기적 체크나 독려와 칭찬 등 리더십을 발휘하여 목표 달성을 위하여 노력하는 운용을 해야 한다는 의미이다.

예측, 시뮬레이션, 데이터 통합과 시각화 등을 통해 13개의 서비스로 구성하여서 데이터의 중요성을 공감하고 데이터 기반의 의사 결정 문화를 확산시키고 있는 내용은 [그림 12]와 같다.

이렇게 시스템을 구동하여 실제로 동국대학교에서 수행하고 있는 작업의 예이다([그림 13], [그림 14]).

IR 시스템은 다양한 부분에 있어서 활용할 수 있고 앞으로 대학의 총장은 이러한 데이터 기반의 의사 결정을 할 수 있는 체계를 갖추어서 다변화 되어가는 미래 사회에 적응하기 위한 대학의 변화를 어떻게 추진할 것인가 고민하는 부분에서 이러한 데이터 기반의 의사 결정 시스템은 꼭 필요하다. 대학의 경영 시스템에 경험적 의사 결정에서 탈피하고 과학적인 미래 설계의 의사 결정 도구로 만들어야 한다.

- 경험 중심에서 데이터 중심의 합리적인 의사결정으로 전환
- 전 조직 확산을 통해, 데이터 기반의 업무를 진행하는 프로세스와 역량을 갖춘 대학으로 변화

부처, 부서간 협업이 중요
(데이터연계, 거버넌스 등)

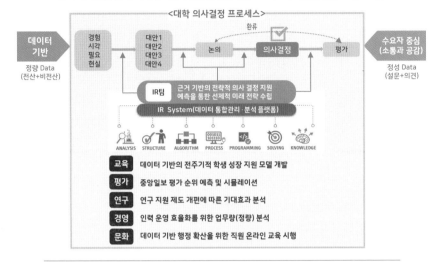

[그림 12] IR 시스템의 프로세스 개요

 예측, 시뮬레이션, 데이터 통합과 시각화 등을 통해 13개의 서비스로 구성
데이터의 중요성을 공감하고, 데이터 기반의 의사결정 문화 확산 진행 중

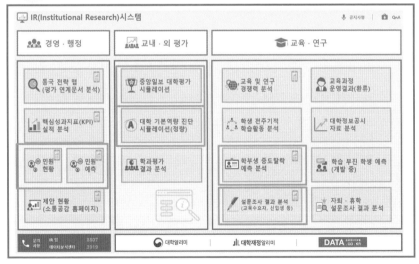

출처: 동국대학교 IR 시스템 내부 자료

[그림 13] 동국대학교 IR 시스템

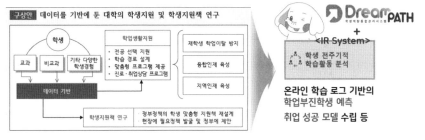

<< 4주기 지표 예고 이전 데이터 기반의 학생 서비스 준비 >>

e-대학저널

HOME | 교육일반 | 대학 교육

대학 평가에 '데이터 활용 학생지원 프로그램' 반영한다 2021.11.20

'데이터 기반 학생지원과 학생지원책 연구' 구상안 제시 방안에 따르면 대학의 데이터 기반 학생 지원을 유도하기 위해 차기 대학기본역량 진단에 다양한 데이터에 기반한 학습역량 강화와 진로·심리상담, 취·창업 지원 등 학생 지원 프로그램을 개발, 운영하고 환류하는 노력을 반영한다.

교육부가 제시한 '데이터를 기반에 둔 대학의 학생지원 및 학생지원책 연구' 구상안에 따르면 대학이 ▲교과 ▲비교과 ▲기타 다양한 학생경험 등 학업·생활 데이터를 정량적·정성적으로 분석해 학생들에게 제공하면, 학생은 스스로 자신의 학습 포트폴리오를 한눈에 확인해 관리할 수 있는 시스템을 경험하게 된다.

구상안 데이터를 기반에 둔 대학의 학생지원 및 학생지원책 연구

Dream PATH + <IR System>

학생 전주기적 학습활동 분석

온라인 학습 로그 기반의 학업부진학생 예측 취업 성공 모델 **수립** 등

※ 출처 : '대학평가에 '데이터 활용 학생지원 프로그램' 반영한다',e대학저널, 2021.11.20수정, 2021.11.19 접속,https://www.dhnews.co.kr/news/articleView.html?idxno=131949

출처: e대학저널(2021)

[그림 14] 대학평가에 '데이터 활용 학생 지원 프로그램' 반영

|2| 교육 수요 다변화에 대한 대학의 재정 건전성 확보

디지털 혁명으로 인해 대학의 진학률은 향후 급격히 감소할 전망이며, 인구 절벽으로 인한 학령 인구 감소 역시 대학의 학생 수를 급감시켜, 결과적으로 대학 수익 감소로 이어질 것이다.

우리나라 대학 평균 등록금 의존율은 2022년 기준 53.5퍼센트이다(대학 재정알리미). 2021년 학교알리미 공시에 따르면 대학 진학률 일반계 고교 졸업자 중 대학 진학률은 79.2퍼센트로 작년 대비 0.3퍼센트 상승했지만, 대학 진학자 수는 약 29만 명으로 작년 대비 약 4만 명(12.4%)이 감소했다(이도연, 2021). 2021년 통계청에서 발표한 2020년~2070년 장래 인구 추계에 따르면, 2020년 학령 인구(6~21세) 789만 명에서 2040년 학령 인구(6~21세)는 447만 명으로 43.3퍼센트 감소한다(통계청, 2021). 2021년 출생한 아이들이 모두 2040년에 고교를 졸업하고 대학에 진학한다고 가정해도, 그해 대학 진학자 수는 26만 명을 초과하지 못할 것으로 예측된다(한국사립대학총장협의회, 2022). 즉, 당해 연도 고교 졸업자 수 기준으로 지난 10년(2011~2020) 대학 진학률 평균 71퍼센트가 2040년에 유지된다고 가정하면, 26만 명 중 71퍼센트인 18만 명의 고교 졸업생이 2040년 대학 진학자 수가 된다.

2023년 기준 국내 4년제 대학 193곳 중 45퍼센트에 근접한 86개 대학에서 등록금을 인상하였으나, 등록금 수입은 최근 3년간 지속적으로 감소하고 있다. 이는 지속적인 학령 인구 감소에서 기인한 것으로 보여진다(김윤섭, 2023; 김현아, 2023)는 연구에서 보듯이 각 대학이나 교육계 일각에서 야기되는 등록금 인상만으로는 대학의 재정 악화 문제를 해결할 수 없다는 것이다.

이러한 대학 진학자 수의 감소는 폐교 대학 수를 증가시킬 것이고, [표 4]에서 보는 것처럼 2023년도 일반/전문대학(합) 입학 정원의 경우 수도권이 194,949명, 비수도권의 경우 277,739명이고 전년(2022) 대비 전국적으로 11,310명이 감소했는데 수도권은 1,297명이 증가했으나 비수도권의 경우 12,607명이 감소하였다. 이러한 움직임을 극단적으로 가정해서 수도권 대학에 집중한다는 전제를 둔다면 비수도권 대학의 순차적 폐교로 지역 불균형 현상까지 문제가 확대될 것이다.

2023년 기준 대비 2040년의 경우 18만 명의 대학 진학자 수는 38퍼센트가 되고 현재의 수도권 진학률이 41.24퍼센트에도 3.24퍼센트만큼 모자란다는 결론에 도달한다. 즉, 2040년이 되면 지방대학은 전폐되고 서울도 3.24퍼센트에 해당하는 14,949명을 충원하지 못한다는 것이다.

평균적으로 볼 때, 2040년에는 고교 졸업생 대비 대학 진학 학생 비율을 모든 대학에 적용하여 계산하면, 등록금 수익이 약 62퍼센트 감소하여 재정에 막대한 영향을 미칠 것이므로, 비등록금 부문에서 수익을 창출할 방안을 마련하지 않으면 대학의 발전보다는 폐교 대책 마련이 더 시급할 것이다. 대학의 수익 구조는 교비 회계의 내용으로 크게는 등록금 수익, 강의 수익, 교육부의 지원과 교수들의 연구 간접비, 기부금과 건물 대여 등의 기타 수익으로 나눌 수 있다.

따라서 방법은 교육부의 지원 방안을 대폭 확대하는 것과 교수

[표 4] 2023년 일반/전문대학(합) 입학 정원 수

날짜	지역	기관유형	세부유형	구분	세부유형별(명)	전년대비(명) ±	전년대비(%) ±
2023	전국	학부	일반/전문대학(합)	입학정원 수	472,688	-11,310	-2.34
2023	서울특별시	학부	일반/전문대학(합)	입학정원 수	84,478	-6,433	-7.08
2023	인천광역시	학부	일반/전문대학(합)	입학정원 수	14,187	772	5.75
2023	경기도	학부	일반/전문대학(합)	입학정원 수	96,284	6,958	7.79
	수도권				194,949	1,297	6.46
2023	강원도	학부	일반/전문대학(합)	입학정원 수	18,369	-818	-4.26
2023	경상남도	학부	일반/전문대학(합)	입학정원 수	18,582	-775	-4
2023	경상북도	학부	일반/전문대학(합)	입학정원 수	35,086	-1,118	-3.09
2023	광주광역시	학부	일반/전문대학(합)	입학정원 수	18,733	-1,326	-6.61
2023	대구광역시	학부	일반/전문대학(합)	입학정원 수	22,977	-405	-1.73
2023	대전광역시	학부	일반/전문대학(합)	입학정원 수	24,196	-957	-3.8
2023	부산광역시	학부	일반/전문대학(합)	입학정원 수	37,991	-1,189	-3.03
2023	세종특별자치시	학부	일반/전문대학(합)	입학정원 수	4,131	-69	-1.64
2023	울산광역시	학부	일반/전문대학(합)	입학정원 수	5,675	-123	-2.12
2023	전라남도	학부	일반/전문대학(합)	입학정원 수	14,225	-1,378	-8.83
2023	전라북도	학부	일반/전문대학(합)	입학정원 수	20,720	-1,016	-4.67
2023	제주특별자치도	학부	일반/전문대학(합)	입학정원 수	5,086	-201	-3.8
2023	충청남도	학부	일반/전문대학(합)	입학정원 수	31,590	-1,820	-5.45
2023	충청북도	학부	일반/전문대학(합)	입학정원 수	20,378	-1,412	-6.48
	비수도권				277,739	-12,607	-59.51

출처 : 교육통계서비스, 대학통계(2023), 인스파일러(2023)

연구와 창업으로 발생하는 수익 극대화, 또 기부금 증대 관련 최선의 노력을 하는 것과 자체적으로 건물 임대료 등의 기타 수익을 극대화해야 한다. 여기서 교육부 지원과 임대 수익 등은 교육부의 각종 규제로 대학 스스로 해결할 수 있는 일이 아니다. 따라서 대학이 가지고 있는 수익 다변화 한계의 한 축인 정부 지원과 건물 임대료

등 기타 수익과 관련된 사항은 지속적으로 정부와 지방 자치 단체와 협의하여 규제 완화를 통한 제도 개선과 수익 증대를 추진해야 한다.

평생교육원의 확대

디지털 혁명은 결국 사회의 취업 시장을 급변시킬 것이고, 사회 산업 기술별 전문가의 필요는 교육 공급자 측면에서는 교육의 실질적, 핵심적, 세분화된 교육 프로그램을 제공해야 하고, 자본주의 고도화에 따른 취/창업 연계 학문 분야는 나름 수요가 늘어날 것이다. 따라서 산업 수요와 연계된 실질적 교육니즈는 확대될 것이고 그것은 직업 및 직무 수명 감소로 직업의 불확실성은 증가하고 4차 산업 혁명 도래로 산업 구조는 혁명적으로 변화할 것이기 때문이다.

지능 정보 기술의 발달로 인해 직업 구조도 심각하게 변화할 것이며, 현재의 산업 수요와 괴리된 공급자 중심의 교육과는 다른 새로운 형태의 교육 시장이 확대될 것이다. 이러한 움직임에 발맞춰 평생 교육의 패러다임이 변화할 것으로 예측된다. 디지털 혁명은 공간적 제약을 극복하는 비대면Untact 교육의 확대를 가져올 것이며, 온라인 교육의 높은 확장성, 연계성, 접근성이 교육 패러다임의 변화를 더욱 가속화할 것이다.

에릭 슈미트 구글 회장이 "인류 문명이 시작했을 때부터 2003

년까지 창출한 정보의 총량이 2020년에는 이러한 양의 정보가 2시간마다 창출된다"고 한 것처럼 지식의 양이나 속도에 대학의 교육이 이러한 실정을 반영하여야 한다. 대학에는 정책적으로는 4차 산업혁명 관련 지식 창출의 원천으로서 자율적 대학 혁신이 요구되고 있고, 지역과 상생하는 평생 교육 기관의 기능 및 역할을 정립할 것을 지방 자치 단체는 요구하고 있다. 이러한 요구에 맞추어야 지금의 대학 재정 문제에서 평생 교육을 통한 수익으로 재정 문제를 개선할 수 있다.

사회 맞춤형 교육 과정의 혁신에 대한 필요성도 증대하고 있는 것을 고려하지 않을 수 없다. 사회·경제적으로는 학위 취득보다는 일자리의 불확실성 증대로 인한 취업에 도움 되는 교육이 필요하고, 학령 인구 급감에 따른 입학 자원의 감소로 교육 수요자별 강의 방식의 다양성을 혁신해야만 한다.

미래는 대학을 졸업하고도 평생 4차 혹은 5차까지 교육을 받아야 하는 사회로 변할 것이다. 미래 사회에서는 기술 혁신이 승진이나 전업이나 창업을 원하는 사람이 짧은 기간에 필요한 핵심 내용만 교육받기를 원한다. 지금의 평생 교육 과정은 너무 길고 내용이 너무 많다는 의미이다.

기술적으로는 전략 기술 트렌드 면에서는 IT 중심 융복합 디지털 기술이 산업계에 확산되고 있는 만큼 미래 고등 교육 분야 기술 변화를 기존의 커리큘럼으로 대응하기란 어렵다. 이러한 어려운 환경을 극복하기 위해서는 평생 교육 과정에서 나노 디그리[Nano Degree] 단기 과정으로 교육 수요자에게 다가가야 한다.

나노 디그리는 학습 내용 단기화 및 세분화를 뜻하는 '나노[nano]'와 학습 내용에 관한 인증을 의미하는 '디그리[degree]'의 합성어이다(교육위원회, 2023). 즉 전문 기술의 단기 인증 프로그램을 의미하고 4차 산업혁명 등 급격한 기술 변화에 미래를 대비하고자 하는 성인이 직업 전환이나 승진 및 직무 능력을 언제 어디서나 단기간에 습득하고 인증 받을 수 있는 제도이다.

소단위 학위 과정 운영을 통하여 대학이 학생들에게 소단위의 세분화된 교육 과정을 제공하며, 관심에 따라서 다양하고 폭넓은 분야에서 필요 부분만 선택하여 수강하는 등 학생의 학습 선택권을 증가시키고, 세부 전공 분야 이수 부담을 감소시킬 수 있다. 시간제 등록 학생 등 성인 학습자들은 해당 학교 수업을 등록하여 이수할 수 있게 하고 대학이 정규 학위 과정의 학생뿐 아닌 성인 학습자들에게도 양질의 소단위 학위 과정을 제공하여 직업 교육 및 재교육을 강화할 수 있도록 하는 것이다(교육부, 2022). 예를 들면 2022년 가을, 카이스트 데이터사이언스대학원에서 운영한 기초 기계 학습 마이크로 디그리[Micro Degree on Basic Machine Learning] 과정을 들 수 있다.

정부가 앞장서 추진하고 있지만 4차 산업혁명에 따른 기술 수요 변화에 적응할 수 있도록 기업의 지원을 받을 수 없는 성인은 지금처럼 정부가 프로그램 마련과 비용 지원을 하는 것이 맞지만 기업의 지원과 대학이 산학 연계 프로그램을 활성화하는 방향으로 한다면 대학의 수입과 기업의 비재무적 요소^{ESG} 경영에도 큰 획을 긋는 일이 될 것이다. 가령 기업 재직자의 다양한 교육 수요 동기나 학습 내용을 조사하여 대학이 기업에 프로그램 내용을 만들어 직접 교육의 장을 기업과 협의하여 진행하는 모습이 전 국민의 미래를 위한 교육 방식이 될 것이다.

직업 재교육의 필요성을 보면 평생 1~2개의 일자리로 만족하는 직업의 개념이 한꺼번에 여러 개의 직업을 가질 수 있는 사회로 전환되고 기존 제조업, 서비스업 중심의 직군에서 정보, 지능 관련 새로운 직군의 지속적 창출과 직업 능력 요소에도 변화가 요구되고 중앙 정부나 지방 정부의 첨단 산업에로의 지원과 발전 정책은 미래 산업 분야 관련 교육 및 투자 확대와 미래에 대한 불확실성 증대로 온라인을 중심으로 한 직업 재교육 시장이 확대된다는 것은 쉽게 예측할 수 있다.

4차 산업혁명 및 저출산과 고령화 등 사회 변화 및 산업 변화로 인한 일자리(취업/창업/재취업) 및 직업 능력 변화와 급변하는 직업 능력에 대응하는 교육에 대한 요구나 관심도는 증대할 것이고 일자리 창출 및 교육 관련 국고 재원 사업이 증대하고 집체식 대면 교육을 벗어나 화상, 이러닝, 독서 통신, 플립 러닝 등 다양한 교육 방법의 변화가 가능한 에듀테크^{EduTech} 기술이 향상됨으로써 직업의 재교육은 한결 중대될 것이다.

대규모 온라인 공개 강좌[MOOC], 미네르바스쿨, 유다시티 같은 원격 교육의 급진적 교육 방식 전환이 성공하고 있고 에듀테크로 인하여 교육 기관의 경계, 공급자/수요자의 경계, 교육 콘텐츠의 경계가 파괴되어 교육 산업 자체가 재편될 가능성을 예상하는 것은 어려운 일이 아니다. 사이버 교육 기관과 대면 교육 기관의 경계가 모호해지고 온라인 관련 교육 기술이 기존에도 존재하였으나 코로나 이후 원격에 대한 거부감이 감소하고 원격 교육의 장점이 부각되는 등 인공지능, 가상현실, 게임화, 빅 데이터 기반의 학습 분석, 몰입 학습, 스마트 학습, 디지털 교재, 게임 등의 에듀테크 기술의 급성장도 한몫하고 있다. 사례로는 경희사이버대학의 나노 디그리 과정과 카이스트 데이터사이언스대학원에서 운영한 기초 기계 학습 마이크로 디그리 과정이 있고, 직업 재교육 사례로는 한국능력협회컨설팅[KMAC], 한국생산성본부[KPC], 한국표준협회[KSA], 휴넷 [HUNET] 등이 있다.

향후 대학의 재무적 건전성에 도움을 주고 지역과 산업과 연계한 대학 교육이 혁신하기 위해서는

- 나노 디그리[Nano Degree] & 피코 디그리[Pico Degree]
- 직업 재교육
- 원격 프로그램 등으로 평생 교육의 확대를 추진해야 할 것이다.

결국, 학부와 대학원의 정규 과정 수익이 아니라 교수의 강의 수익 극대화가 필요하다. MZ세대 및 일과 학습 병행 성인 학습자의 교육 수요를 반영한 프로그램 개설, MZ세대의 계속 교육post-graduate을 위한 교육 프로그램 발굴(시·공간 제약 극복을 위한 교육 플랫폼 개발), 지역 교육 수요 창출 및 공헌을 통해 지역 거점 대학으로 성장하고 지역 특화 산업(특수) 대학원 신설과 지역을 대상으로 평생교육원 신설 및 특화/법정 교육 프로그램 운영, 지역 산업과 연계한 전문 인력 양성 센터 조성, 외국인 유학생 교육 수요를 반영한 프로그램 개설, 외국인 특성화 (계약)학과/대학(원) 신설을 통한 외국인 학생 맞춤형 학위 과정 운영과 외국인 유학생 역량 강화 및 취업 연계 비교과 프로그램 개발을 통한 교육 수요 충족을 확대해야 할 것이다.

기존의 국내 성인 교육 프로그램은 학사 혹은 전문 학사와 같은 장기간을 요구하거나 단기간일 경우에도 전일제 형식으로 운영돼 직장인들이 이용하기 어려웠다. 최근에는 새로운 프로그램이 다양하게 개발되고는 있지만 아직도 기업 입장에서는 기업에 적합한 교육과 프로그램 개발이 미흡하다고 생각하고 있는 현실이다. 인공지능, 사물인터넷, 클라우드, 가상현실, 증강현실 등 정보통신 기술 분야와 지능형 자동차, 연료 전지 자동차, 전기 자동차 등 운송 분야, 유전자 변형 동식물, 기후 조절, 대체 식품, 대체 에너지 등 에너지 환경 분야와 같은 첨단 혹은 새로운 인재가 필요한 분야의 교육 프로그램이 시급하다 하겠다(이민우, 2017).

대학 입장에서는 이러한 형태의 마이크로·나노 디그리 _{Micro·Nano Degree} 학습 내용과 프로그램으로 교육 수입이 감소하는 등록금 비율의 어느 정도를 충당하게 할지를 정확히 설계해서 교육의 장을 대학이 확대해 나가야 할 것이다. 지금 교육 시장에서는 사설 기관들이 우후죽순 생기고 있고 나름 성과도 내고 있다. 교육 시장은 충분히 있다는 것을 대학이 인식하고 빨리 최선을 다하는 대학이 시장을 선점할 것이고 지속 가능한 대학으로 발전할 수 있을 것이다.

사회 책임성 강화를 통한 기부금 확대

대학 수익 구조의 또 다른 중요한 부분인 기부금은 대학에서 발전 기금으로 불리며, 이는 대학 총장이 대학 발전을 위해 예산을 자율적으로 활용할 수 있는 주요한 항목이다. 다른 예산은 고정성 비용이 대부분이어서 총장이 생각하는 대학 발전의 방향에 맞추어 예산 집행을 하기가 어렵다. 그렇기에 기부금으로 조성되는 발전 기금은 많으면 많을수록 미래의 변화에 대응하기 쉬운 대학으로 자리할 수 있는 것이다. 하지만, 우리나라의 기부 문화는 어떠한가? 기부 문화를 새롭게 형성하기 위해서는 정부의 조세특례제한법과 같은 법 규정을 개정하지 않으면 어렵다고 본다.

사립대학에 대하여 기부금을 기부한 자에 대하여는 조세특례제한법이 정하는 바에 따라 그 기부금에 상당하는 금액에 대한 소득세를 면제하되 개인이 기부한 기부금에 한하여서는 10만 원까지는 세액을 공제하고 10만 원을 초과하는 금액에 대하여는 당해 기부자의 소득액에서 공제한다는 법률 제11376호에 의거하여 한국사립대학총장협의회의 「사립대학법 제정에 관한 연구」에서 권고하고 있다. 그외에도 국가 또는 지방 지치 단체는 사립대학의 육성 및 사립대학의 기부금 모집을 용이하게 하기 위하여 각종 세제 제도의 개선 등 필요한 세법상의 조치를 취할 수 있어야 한다고 권고하고 있다.

이렇게 사회적인 제도적 문제가 해결되고 대학의 사회적 책임과 국가 공익을 위한 산업 사회의 인재 육성에 최선을 다하면서 기부금 유치를 위하여 노력한다면 대학 발전을 위한 기금의 확대에 따라 미래의 사회에 적응할 수 있는 재무 구조 확보도 가능하리라 생각된다. 이외에도 대학의 사회 책임성 강화를 위한 ESG 경영을 하고 지역 연계를 통한 사회적 가치를 실현하는 프로젝트를 추진하며 종교/대학/산업/지역 연계를 통한 지속 가능 기부 문화를 확산시켜서 메타버스 기반에서 기부자 커뮤니케이션 체계를 구축한다면 기부자들이 솔선해서 기부할 수 있지 않을까 생각된다.

대학의 수익을 위한 사업화

미래는 강의의 다양화 즉, 장소와 시간에 구애받지 않는 강의의 유연성으로 인하여 수도권 대학이라 하더라도 대학 내부의 공간은 남을 것으로 생각된다. 그렇지만 대학의 교지/교사 확보율 등의 규제 조항으로 대학이 보유한 시설이나 부동산을 활용하여 수익 사업으로 전환할 수 있는 자율성이 없다.

대학이 소재한 지역과 연계하여 등록금 수익만으로는 한계가 있는 대학의 재정 건전성을 위하여 협력할 수 있도록 제도적 처방을 해야 한다. 지역 사회와 연계해서 캠퍼스를 확장하여 대학 내 수영장이나 스포츠 시설과 같은 복합 체육 시설 등으로 지역 사회에 기여함과 동시에 대학의 수익도 창출될 수 있는 방안과 잉여 부지와 시설로 현실적인 수입 사업도 수립되어야 한다. 대학은 이와 같은 수익 방안 외에도 교원과 학생의 기술 창업이나 기술 지주 회사 지분 확보를 통한 산학 협력 수익을 확대해야 한다. 이러한 학생과 교원의 기술 창업이나 대학의 기술 지주 회사로부터의 수익이 학생 등록금 수익에 버금가는 항목으로 미래는 재정 건전성에 기여할 것이다.

|3| 교수 구성과 관련한 제도 개혁

앞서 4장 1절에서 언급했던 대학 구조 체계의 혁신 내용을 아이비리그형으로 완성하면 전공의 벽도 허물어지고 사회 수요와 맞지 않는 전공은 폐과가 자유로울 수 있는 형태이기에 극단적으로 대학의 교수들은 반대하고자 할 가능성이 크다. 해서 교육공무원법에 근거한 대학 교수의 신분 안정을 위한 방안을 마련해야 한다.

현장 중심의 교원 충원

현재 우리나라의 교수들은 대부분 전공별 학과에 소속되어 있으며, 교육공무원법이 일반 사립대학 교수들에게도 실제로 적용되고 있다. 이러한 이유로 교수들이 사회 변화에 능동적이고 적극적으로 대응하지 않는다. 그리고 박사 과정에서 연구한 내용을 평생 사용한다는 등 철밥통으로서의 이미지가 존재한다고 생각된다. 학과별 전공의 벽이 공고하게 구축되어 있어 학제 간 융합 교육이나 연구가 어려운 구조인 것도 사실이다. 또 대학의 발전을 위한 대학 구성원 즉 교수들의 에너지를 한 벡터 방향으로 집중시키기가 어렵다.

교수 개개인이 1인 기업Company으로 스스로를 인식하고 있고 신분이 교원으로 보장되는 관계로 조직의 발전을 위해서 전력 투구하지 않아도 되는 구조로 대학이 운영되어서 인력의 효율성을 극대화시킬 수 없다. 이것은 전공의 벽을 허물지 않고 그 테두리 속에서만 활동하는 교수 소속과 관련한 문제라고 생각한다.

이 문제를 해결하기 위해서 미래는 과감히 대학 교수들의 소속을 대학 혹은 대학원 소속으로 전환하고 채용 때부터 전공별로 채용하는 것은 지양하고 대학 소속의 교수로 전공 불문하고 채용해야 한다. 단일 전공에 매진하는 현재의 틀을 파괴하고 채용부터 미래 대학의 발전과 특성화와 연계하여 직접 대학이 채용을 쉽게 할 수 있는 구조여야 하고 사회의 변화에 맞춘 인재 양성을 대학이 능동적으로 대처할 수 있도록 해야 한다. 물론 이 방식은 교수 측에서 고려한 아이디어는 아니다. 하지만 미래 인재의 육성을 위한 학제의 혁신을 추진하고 지속 가능한 대학으로 유지 발전시키기 위한 국가와 국민을 위한 대승적 차원의 아이디어이다.

이러한 혁신을 하기 위해서는 교수 구성과 관련하여 다음과 같은 제도 혁신을 추진해야 한다.

- 교수 소속의 변화
- 정년 교수의 비율 조정
- 산학 연계 기업 파견 겸임교수 제도 활성화
- 교수 연구년 제도의 변화
- 학사 제도의 변화에 따른 교수의 신분, 연구 복지, 교육 복지, 일반 복지의 강화

[표 5]는 교수 구성과 관련한 내용이다.

[표 5] **교수 명칭 및 구분**

교수 명칭	구분	비고
전임	정년 트렉 비정년 트렉	
비전임	겸임 교수 특임 교수 강의 전담 교수 산학 협력 교수 연구 교수 초빙 교수	대학마다 운영방식에 따라 구분의 명칭은 조금씩 다름

교수는 기본적으로 전공 강의에 따라 전임과 비전임으로 나누어지고 우선적으로 전임인 정년 트랙 교수와 비정년 트랙 교수가 먼저 책임강의 시간을 충당하고 나머지 과목에 대해서는 비전임 교수들로 채우고 교양이나 비교과 부분에 있어서는 산학 협력 교수와 같은 명칭으로 이루어지는 형태가 현재의 대학 강의 구조이다. 미래는 이와 같은 구조에서 탈피해야 한다.

대학의 미래 인재 육성과 관련하여

- 교수의 채용과 역할에 대학 변화의 유연성을 위한 혁신
- 학부형의 교육비 절감
- 100% 취업 가능한 교육 체계

대학의 경영과 관련하여서는

- 학생수 감소와 진학률 감소에 따른 대학의 고정 비용 절감
- 교수의 인건비와 관련한 고정 비용 최소화
- 학생 장학금의 대폭적인 확대
- 산학 연계

에 새로운 변화를 추구해야 한다.

이를 위해서 제일 먼저 교수 충원율과 같은 교육부의 규제를 완화하고 이를 근거로 전공의 학생 대비 전임 교수의 숫자를 줄이고 이에 준하는 수를 산업체로부터 겸임 교수 형태로 초빙하여 현재의 취업 후 학생들의 재교육에 버금가는 현장 중심의 교육*을 우리나라 대학에서도 경험할 수 있게 해야 한다. 이렇게 기업이 직접 대학과 산학 협력 체계를 구축하고 겸임 교수를 파견하는 대학에 한해서는 기업이 학생들에게 재학 기간 장학금을 지급하고 장학금 수혜 학생은 장학금을 받은 기업에 졸업과 동시에 취업을 하고 일정 기간 근무해야 한다. 이렇게 하는 것은 현재 학생들 구직난의 구조에서 미래는 학생 수 절감으로 인한 구인난이 도래할 것이고 구인난을 해소하기 위해서는 기업의 입장에서도 꼭 필요한 산학 협력 구조라고 생각된다. 이러한 구조는 곧 위에서 언급한 대학의

* 세계 혁신 상위 대학에 모두 추진되고 있으며 구체적인 내용은 3장 1절 참조.

인재 육성 차원과 대학 경영 차원의 두 문제를 교수 구성의 문제로 부터 접근하여 해결 가능한 내용이다.

더불어 지금 5~6년에 한 번씩 시행되고 있는 교수들의 연구년 제도는 현재 대부분의 교수가 외국의 출신 대학으로 연구년의 형 식을 이용하여 연구 복지 제도로 활용하는 것에 국내 기업에서 연 구년을 할 수 있는 제도로 확대하여서 시행하는 변화를 줌으로써 교수의 현장 경험과 연구, 산업의 필요 기술 이해, 학생 기업 연계 형 장기 현장 실습^{JPP}, 현장 실습, 취직 등과 연계하여 산학 협력과 학생 취업 그리고 교수들의 현장 연구도 상승할 수 있을 것이고 이 렇게 함으로써 교수 구성과 관련한 미래 대학의 혁신에 한층 힘을 실을 수 있을 것이다.

추가로 설명하자면, 정년 교수 비율의 조정은 산학 연계 기업 파견 겸임 교수 제도를 통해 산업계 현장에서 활동하는 전문가들 을 비전임 교수로 초청함으로써, 대학보다 앞서가는 산업계의 지 식과 연구 개발 결과를 학생들에게 가르치는 방식으로 변화시키는 것이 목표이다.

교수 연구년 제도의 변화는 현재까지는 박사 학위를 했던 대학 이나 공동 연구를 위한 대학에서 연구년을 혹은 그동안의 지친 몸 과 마음을 쉬게 하는 진정한 휴식 기간으로 사용하는 형태에서 더 확대하여 기업과 대학이 협력하여 대학의 교수가 국내 기업 혹은 외국의 첨단 기업에서 공동 연구를 수행하고 학생들과 함께 기업

174

에 직접 연수가 가능하게 하는 형태의 연구년으로 전환해야 한다는 의미이다. 이를 위해서 정부(국가교육위원회, 교육부), 기업(전국경제인연합회, 중견기업협회, 중소기업협회), 대학(한국대학교육협의회, 전국대학교수협의회)으로 구성된 협력 체계 구조를 확립하는 새로운 거버넌스가 이루어져야 할 것이다.

대학 재정 건전성에 따른 교수 권리 보장

이상과 같은 제도 변화를 추진하기 위해서는 학사 구조의 변화에 따른 교수 신분, 연구 복지, 교육 복지, 일반 복지의 혁신을 추구해야 하고 이런 것에는 반드시 대학 재정 건전성의 뒷받침이 필요하다. 예를 들면 학사 구조의 변화에 따른 문제점 발생을 본다면 현재까지의 교수의 권리를 미래를 위해서 많은 부분 조정해야 한다. 즉, 전공 강의나 계약상의 일반적인 연구만 해도 좋았던 과거로부터 융복합 혹은 학과나 전공의 조정에 따른 새로운 분야의 교육이나 교수법을 공부해야 하는 사태에 도달하게 된다. 그리고 지금까지는 교수로서 입사하면 정해진 교과목을 퇴직할 때까지 고수할 수 있었고 새 학기가 시작되어도 책임 시간을 이수하는 데 걱정할 필요가 없었다. 하지만 전공의 벽을 허물고 융복합 교육의 형태로 발전하거나 수요자의 전공 선택권이 자유롭게 주어지면 학과나 전공이 없어질 가능성도 발생하는 것이다. 이랬을 때 교수들의 신분과 교육 복지에 문제가 생기고 또 연구 복지 또한 스스로 새로운 분야에 적극적인 노력이 필요함으로써 연구비의 대학 지원 문제가 검토되어야 하는 것이다.

결국, 전공의 벽 허물기, 교수 소속의 변화, 전임 교수의 비율 조정, 산학 연계 기업 파견 겸임 교수 제도 활성화, 교수 연구년 제도 등 학사 제도의 변화에 따른 교수의 신분, 연구 복지, 교육 복지, 일반 복지의 강화는 대학 재정 건전성으로 귀결된다고 해도 과언이 아니다. 결국 이러한 경상비는 현재 대학의 예산 구조상 학령 인구 급감으로 인한 수익 감소로 절대 불가능할 수도 있다. 그렇기에 정부(국가교육위원회, 교육부), 기업(전국경제인연합회, 중견기업협회, 중소기업협회), 대학(한국대학교육협의회, 국립대학 및 사립대학 교수협의회) 등의 조직으로 된 협력 체계를 구축하여 심도 있는 논의를 빠른 시일 내에 추진해야 할 것이다.

|4| 미래 인재 수요자를 위한 새로운 협력

대학이 인재를 육성하고 공익적 기능을 다하기 위해서는, 학령 인구 감소에 대한 국가의 노력에도 불구하고 확실한 방안이 도출되지 않는 상황에서 대학이 직접 할 수 있는 것은 아니지만, 적어도 진학률이 감소하지 않도록 노력해야 할 것이다. 진학률이 감소하는 것은 첨단 기술을 학습한 사람이 아니면 다 비슷한 중요도의 업무에 종사할 가능성이 크고 전체적인 임금 또한 하향 평준화될 것이고 해서 대학 진학의 의미는 많이 퇴색될 것이다. 또 미래의 알파 세대는 자기 행복을 최우선으로 고려하는 사회적 환경과 의사 결정 방식의 트렌드에 의해서 대학 진학률은 감소될 것이다. 여기에 학부모의 대학 등록금 부담도 큰 몫으로 진학률 저하에 역할을 할 것이다. 이러한 의미에서 우리는 앞으로 진학률 감소를 해결하기 위해서는 무엇을 해야 할 것인가? 물론 교육의 혁신은 기본이며 학생은 돈이 들지 않고도 교육을 받을 수 있다면 최고일 것이다.

기업과 대학의 협력

진학률 감소, 학부모의 경제적 부담 경감, 학생의 취업 확보, 기업에 필요한 교육 제공 등 다양한 문제를 해결하고, 동시에 대학의 재정 건전성에도 기여할 수 있는, 미래 인재 수요에 맞춘 협력 방안에 대해 논의하고자 한다.

지금 우리는 남북의 대치에 따른 군 복무가 의무화되어 있고 군 체계를 완성하기 위하여 학군사관ROTC 제도와 같은 대학생을 대상으로 하는 군사 제도를 운영하고 있다. 학군사관 제도의 창설 배경을 살펴보면, 현재 대학이 처한 상황과 문제 해결 방안에 많은 유사점이 있다. 상명대학교 학생군사교육단 홈페이지에 따르면, 1960년대 초 불안정한 국가 안보 상황에 대처하기 위해 정부는 자주 국방력 확보를 위한 군사력 증가가 시급한 상황이었다. 이를 위해 대학에 재학 중인 우수 학생들을 군사 교육에 참여시키고 졸업과 동시에 장교로 임관시켜 군의 초급 지휘자로 활용하는 학군사관 제도를 시행했다. 이는 당시 군의 지휘 체계에서 심각한 문제였던 초급 지휘자 자질 문제를 해결하고, 대규모 군 장교 충원에 따른 교육 예산 부담을 경감하는 여러 정책 목표를 달성하기 위해서였다.

다양한 후보생으로서의 혜택이 있지만, 그중에서도

- 조직 관리의 경험을 전수하여 리더십과 자신감 배양
- 전공 학문을 탐구하는 대학 생활과 더불어 장교 양성 교육을 동시에 교육
- 대학 우수 후보생 장학금 및 ROTC 장학재단 장학금 지급

은 위에서 언급한 문제 해결을 위한 주요 포인트이다.

국방부와 대학이 협력하는 학군사관 제도([그림 15])처럼 기업과 대학이 협력하여 새로운 교육 플랫폼을 구축한다면 좋을 것이다([그림 16]).

지금은 구직난으로 기업이 언제든 필요한 인재를 뽑을 수 있다. 하지만 미래는 인구 절벽과 고령화로 인해서 그리고 전문성을

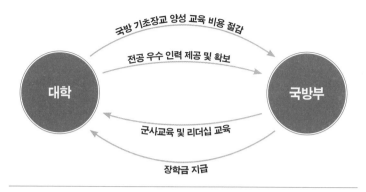

국방 기초장교 양성 교육 비용 절감

전공 우수 인력 제공 및 확보

대학 ⟶ 국방부

군사교육 및 리더십 교육

장학금 지급

[그림 15] 국방부와 대학의 협력

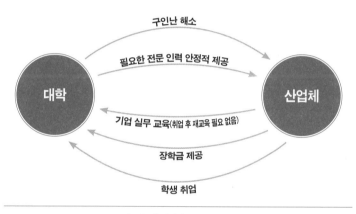

구인난 해소

필요한 전문 인력 안정적 제공

대학 ⟶ 산업체

기업 실무 교육(취업 후 재교육 필요 없음)

장학금 제공

학생 취업

[그림 16] **기업과 대학의 협력**

가진 필요한 인재를 선발할 때 구인난이 심각할 것으로 생각된다. 그리고 여전히 지금처럼 학생 선발 후에도 기업에 맞는 교육이 필요하고 이는 결국 기업의 비용과 연결되는 부분이다.

사회적 책임을 다해야 하는 ESG 경영과 대학

이 외에도 앞으로 기업은 사회적 책임을 다해야 하는 ESG(비재무적 요소 : 환경, 사회, 지배 구조) 경영에 최선을 다해야만 한다. 이러한 ESG 경영의 일환으로 대학과 협력하여 인재 육성을 하는 일은 기업에도 여러모로 유리한 점들이 있다. 특정 기업과 특정 전공이 협약을 체결하는데, 예를 들면 특정 대학의 경영학과와 특정 기업의 인사과가 협약을 체결한다. 물론 대학 전체일 수도 있다.

협약 내용으로

대학은

- 기업으로부터 기업 실무 교육을 위한 겸임 교수 요청을 수락한다.
- 대학은 실무 교육을 위한 교육 과정을 교과 과정에 추가한다.
- 기업이 장학금을 지급한 학생은 졸업 후에 약속한 기간 동안 의무 복무를 한다.

기업은

- 기업은 대학에 필요한 협약 학생 수만큼 특정한 혹은 몇 가지 융합 전공을 하는 학생으로 특정해서 장학금을 지급하고 4년 동안 그 전공을 학습하게 한다.

- 대학에서 실무 교육이 가능한 전문가를 겸임 교수 형태로 파견한다.
- 졸업 후에는 기업이 학생을 취업시킨다.

이렇게 산업체와 대학이 협약을 체결하고 실행하기 위해서는 산·관·학의 협의체를 구성하여 원만하게 지속적으로 추진될 수 있도록 해야 할 것이다. 이러한 방식의 상호 협력을 추진하다 보면 시행착오도 있을 수 있지만, 그 과정에서 많은 보완과 함께 발전해 나갈 것이고 결국은 당면한 미래의 대학 위기를 탈피하는 데 도움이 될 것이다. 특히 대학의 학생 장학금 수익으로 재정 건전성 확보와 학부모의 부담 경감 그리고 기업의 구인난 해소에 직접적인 도움을 가져올 것이다.

|5| 미래를 대비한 재무 구조 혁신을 위한 정부, 기업, 대학의 협력

대학의 재무 구조와 관련한 개혁의 화두는 어제와 오늘의 이야기가 아니다. 대학이 교육 경영체로서 모습을 확보하기 위해서는 변화하는 기술 사회에 대학 스스로가 시대 상황에 맞는 인재를 육성하기 위한 구조의 변화를 유연하게 할 수 있는 체제 구축이 필요하다. 그리고 언제든지 이러한 변화를 주기 위해서는 결국 안전한 예산 구조의 확보가 선행되어야 한다.

정부의 대학 지원

국회, 정부, 대학이 대학의 재무 구조 개혁을 위해서는 특정 시점에 학령 인구와 진학률에 따른 입학생 수를 정확히 산정한 후, 국회와 정부가 대학의 고등 교육 기관으로서의 가치와 역할을 심각하게 고려해야 한다. 우리나라는 현재 학령 인구의 감소에 의한 지역 대학의 구조 조정이나 지역 소멸 위기와 지역 균등 발전 등과 관련한 문제로만 막연하게 접근하고 있는 듯한 의구심이 든다. 본질적으로 대학의 폐교 문제를 어떻게 할 것인가? 대학의 국가 인재육성을 위해 역할과 가치를 어느 정도로 생각하고 지원할 것인가가 구체적이지 못하다.

경제 성장으로 일자리가 늘어나고, 소득이 증가하면 경제 인구 1인당 부양 인구수가 줄어들게 된다. 또한, 경제 성장은 사회 보장 체계와 복지 정책 지원에 도움이 되어 가정의 부양 부담을 경감시킬 수 있다. 그러나 경제 성장이 지나치게 불균형하게 이루어진다면, 일부 국민은 경제적으로 제외되거나 어려움을 겪을 수 있다. 인구 절벽과 고령화는 더욱 경제 인구 수를 줄게 할 것이고 이에 따라 부양 인구의 수가 증가하기 때문에 정책 제도와 사회적 안전망을 통해 이러한 경제 성장의 부작용을 완화하고, 모든 국민이 공정하게 경제적 혜택을 누릴 수 있는 사회적인 노력이 필요하다.

모든 국민이 공정하게 경제적 혜택을 누릴 수 있는 국가적 노력에 교육으로 그 범위를 한정시켜 보면 미래 사회에서 교육 기회의 평등성과 인재 육성 차원의 국가 경쟁력과 안정적인 성장을 필요로 하는 국가적 입장에서 사회적 노력의 크기를 지금 결정해야 하는 것으로 생각된다. 현재도 국립대학이나 사립대학은 정부의 많은 지원으로 운영되고 있다고 해도 과언이 아니다. 대학 예산의 안전성 확보를 위해 앞서 언급한 바와 같이, 대학의 자산을 수익 자산으로 활용하고 대학 재정 위기 극복을 위해 고등 교육 재정을 확충하는 "고등교육재정교부금법"의 제정이 필요하다는 것이 한국사립대학 총장협의회의 정책 제안이다(2021.12).

- 국가의 고등 교육 재원 총량 규모 확충, 대학 등록금 의존도 감축, 정부의 교육 재정 배분 구조 개선, 고등 교육 재정 지원 방식 개선 등의 과제를 해결하기 위한 방안으로 '고등교육재정교부금법' 제정이 필요함
- 국가의 고등 교육에 대한 재정 지원 수단을 법제화함으로써 선언적이었던 고등 교육 재정 지원 조항의 고등 교육법 구체화
- 재원 확보 방안으로 지방교육재정교부금과 같이 내국세의

일정률로 고등교육재정교부금을 확보하는 방안

정부의 지원제도로서 한시라도 빨리 고등교육재정교부금법을 제정하여 대학 자율화를 억제하고 있는 현 제도 즉, 사업별 재정 지원 방식이 아니라 법률에 근거한 체계적이고 지속적인 고등 교육의 재정 지원을 통해서 미래의 대학 위기를 해결하기 위해 역할을 다해야 할 것이다. 국회에서도 물론 대학 위기에 대응하기 위한 노력은 하고 있지만, 국립대학에 맞춘 대응이 대부분이고 우리나라 고등 교육의 대부분을 담당하는 사립대학의 위기와 관련해서는 그 대안이 없는 편이다.

현행 사립학교법은 학교법인 관련 사항을 유지하되, 대학 관련 부분을 분리하여 별도의 '사립대학법'과 '사립대학교육성특별법'을 제정하는 것이 적절하다고 보고 있으며, 이는 사립대학의 자율성을 강화하고 재정 운영의 안정성을 보장하기 위한 입법 방안으로 제시되고 있다. 그리고 이 보고서에서는 국가와 지방 자치 단체의 책무로서 국가는 사립대학들이 건학 이념의 실현을 통하여 국가와 사회의 요구에 부응할 수 있도록 교육 및 연구 활동, 학교 운영과 관련하여 다양성과 자율성을 최대한 보장하고 필요한 행·재정적 지원을 하여야 한다고 권고하고 있다.

지방자치단체는 사립대학의 교육 및 연구 등의 발전을 위하여 필요한 지원을 할 수 있으며 지역 내 사립대학의 발전 및 이를 통한 지역 사회의 활성화를 도모하기 위하여, 필요한 지원과 육성 시책을 수립하고 시행해야 한다고 권고하고 있다. 이러한 권고는 앞에서 언급했듯이 학생 수의 급감에 따른 비수도권 대학부터 순차적인 폐교로 교육 인재 육성 확보의 지역 불균형이 발생할 것이고 또 지역 발전 불균형도 도래한다. 현재 정부는 인재 육성의 불확실성보다는 지역 발전과 소멸에 더 집중하고 있지만, 이는 동시에 고려되어야 할 정책이며, 지역 대학 위기에 대응하기 위해 지방 자치단체가 적극적으로 대학 지원 방안을 모색해야 한다는 주장이다. 인재 확보 차원의 문제 해결만이 아니라 지역 인구 확보 차원에서도 경제적 가치를 인정하고 자치 단체장은 대학 지원을 고민해야만 한다.

기업의 대학 지원

국가나 지방 자치 단체의 지원 이외에도 지역에 인재를 육성하고 확보해야만 수익 창출이 가능한 기업체도 마찬가지다. 지금도 각 지방에서는 구인난으로 힘들어하고 있는 현실이다. 이러한 문제를 해결하는 데 기업도 대학 교육과 대학 위기에 적극적으로 협력하고 지원해야 한다.

대학은 어떤가? 장소와 시간에 구애받지 않는 강의의 유연성과 학령 인구 감소로 인하여 대학 내부의 공간은 남을 것으로 생각된다. 대학이 소재한 지역과 연계하여 등록금 수익만으로는 한계가 있는 대학의 재정 건전성을 위하여 대학이 가진 교지나 교사를 수익 사업으로 전환하여 수익을 창출할 수 있도록 지방 자치 단체나 교육부는 대학에 대한 규제 완화로 자율성을 확립시켜야 한다.

다시 한번 강조한다면 정부, 지방 자치 단체, 지역 산업체, 대학이 하나가 되는 거버넌스를 만들어서 사회적 시스템으로 정착시켜서 대학의 재정 건전성을 확보하고 지속적인 대학의 발전과 지역 발전 및 지역의 기업체의 성장을 위해서 함께 노력하여야 한다.

6장

미래 변화 속에서의
대학

|1| 교육 공동체의 대학 변화 요구와 책임

메가 트렌드에 따른 대학 위기 문제가 아니라도 대학의 변화를 요구하는 목소리는 사회 전반에 있어 왔다. 대학의 변화에 대한 필요성은 정부, 지방 자치 단체, 기업, 학부모, 대학 스스로가 원하고 느끼고 있었다고 할 수 있다.

각 주체의 요구는 [표 6]과 같다.

[표 6] 주체별 대학 변화에 대한 요구

주체	요구
정부	미래 교육과 사회 변화에 따른 대학의 학사 구조에 대한 변화 요구
지방자치단체	평생 교육 과정의 일환으로 교육 수요 다양화에 대한 지역과 연계한 변화 요구
학부모	등록금 삭감과 장학금 지급으로 가계 부담 감소를 위한 변화 요구
대학 법인체	정부와 지방 자치 단체의 지원금 확대와 규제 완화 및 과세 기준 완화를 위한 변화 요구
대학	구성원들의 급여 증가와 등록금 상승 및 정부 지원 확대 그리고 대학의 구조적 유연성을 위한 변화 필요
산업체	현실에 맞는 취업 후 재교육이 필요 없는 인재 육성과 기업에 대한 기술적 지원을 위한 변화 요구
학생	학비 부담이나 장학금 지원, 질 좋은 교육과 다양한 교육 프로그램을 통해 학문적인 역량을 키우고 실전적인 경험 축적, 학습과 연구를 위해 편리하고 최신화된 도서관, 실험실, 컴퓨터실 등의 시설과 장비, 학업, 진로, 심리적인 문제 등에 대한 지원과 상담, 대학의 의사 결정과 학교 운영에 대한 참여와 의사 소통의 기회, 적절한 취업 지원, 국제 교류 프로그램, 학생 동아리 활동 등에 대한 지원을 요구

이렇듯 대학과 관계 있는 다양한 거버넌스는 대학의 변화를 각각의 입장에서 요구하고 있는데, 이것에 상응하는 상생을 위한 충분한 지원과 협력은 제대로 작동되고 있는지 지금 시점에서 이와 관련한 내용을 심각하게 고민해 보아야 할 것이다.

교육 공동체의 요구

주체에 따른 요구는 각각 다르지만 이면을 살펴보면 서로 중복되고 복합적인 부분이 있다. 우선 정부 기관인 교육부를 살펴보면, 대학에 대해 다양한 요구 사항을 지원금으로 관리하며 대학 교육의 질, 학과 및 전공 운영, 진로 지원과 취업, 연구 및 기술 혁신, 국제화와 국제 교류, 대학의 법인에 대한 재정 지원, 학위 시스템의 운영, 대학의 자율성과 책임성 강화 등을 지원금과 연계하여 대학에 변화를 요구하고 있다.

교육부는 국가의 인재 육성과 교육 목표를 달성하고 사회의 다양한 요구에 부응하기 위하여 이와 같은 대학의 변화를 요구하고 있다. 교육부의 이러한 요구는 당연하지만 정부가 대학이나 고등교육을 위해서 해야 할 일 또한 너무나 많다. 그중에서도 2040년이면 68퍼센트 정도로 학령 인구가 줄어들어 수도권 입학 정원만으로도 대학 진학을 채울 수 있다는 문제, 그리고 이로 인해 갈수록 심각해지는 등록금 수입 감소의 예산 부족 문제를 꼽을 수 있다. 한시라도 빨리 대책을 수립해야 하는 문제이다.

정부와 같이 지방 자치 단체도 대학이 지역 사회와 협력을 통해 지역 발전과 지역의 산업 육성, 사회 문제 해결, 지역 경제 활성화 등에 기여하고, 지역 이해 관계자로서의 역할을 원하고 있다. 인구 절벽으로 인한 수도권을 포함한 지역 소멸이라는 명제에서 벗어나기 위한 지역 생존 경쟁은 어떠한 형태로 전개될지 예측하기 어렵다. 대학도 마찬가지이다. 지역 생존 경쟁에 지역 경제 활성화와 대학의 발전은 아주 중요한 문제로 인식하고 지역 인재 육성을 위해 어떻게 지역이 대학의 경영에 적극적으로 참여할 것인가를 고민해야 한다.

기업은 대학에 적극적인 협력과 창의적인 전문인의 육성과 지원을 원하고 있다. 특히 산업이 필요로 하는 기술과 역량을 갖춘 인재를 확보하기 위해 실무 경험이나 현장에서 바로 활용할 수 있는 실질적인 역량을 갖춘 인재 육성을 기대한다. 또한, 기업은 대학과 연구 및 기술 협력을 통해 기업의 경쟁력을 확보하고 새로운 제품 개발 및 산업의 다양한 문제를 해결하기를 원하고 있다. 그러다 보니 정부와 기업 그리고 대학이 동반자 관계에서 학생의 현장 실습과 인턴십 프로그램을 제공받고 취업에 연결되는 대학과 기업의 상생 관계를 유지 발전시켜 가고 있다.

그러나 미래의 대학은 학령 인구 감소와 노령화 그리고 디지털 혁명이 대학의 위기를 초래하고 등록금 감소로 각 거버넌스가 요구하는 내용에 대학이 도저히 대응하기 어려운 상황에 직면하게 된다는 심각한 문제를 안고 있다. 이에 정부와 지방 자치 단체는 학령 인구 감소 문제 해결 방안과 대학에 안정적인 재정적 지원 방안을 제시하고, 기업은 대학과 협력해서 학생의 현장감 있는 교육을 지원하고 장학금을 증대시켜 지금까지 논의한 위기에 대응하기 위한 교육 부문과 경영 부문의 혁신을 위해 함께 해결하고자 할 것이다.

현재까지 정부의 고등 교육 재정 지원 구조는 국가 장학금, 국가 대출 지원 및 대출금에 대한 이자를 일정 기간 면제하는 혜택, 대학 기반 장학금, 연구비 지원과 같은 방식이었다. 그 목적은 교육의 기회 균등, 인재 양성과 인력 육성, 연구 및 기술 혁신, 국제 경쟁력 강화에 있다. 하지만 현재의 지원 방식은 학령 인구가 일정하게 유지된다는 전제하에 만들어진 것이며, 학령 인구가 줄어들어 대학이 없어지고 산업에 인력을 공급할 수 없는 상황에 대한 대비는 없다.

2040년 기준으로 대학의 위기를 예측하고 논의했지만 당장 2024년 현재에도 점진적으로 대학은 소멸을 시작하고 있다. 국가의 미래 성장을 위해서 어느 분야의 인재가 얼마나 필요한지, 현재의 대학 위기로부터 필요한 인재 공급은 가능한지, 불가능하다면 어떻게 할 것인지 이러한 모든 부분과 관련한 국가적 미션과 목표가 있는가? 각 대학은 당장 재정 건전성 혹은 재정에 대한 스트레스가 어느 정도인지 혹은 매년 수익금 감소가 얼마이고 이와 관련한 대학의 대응 방안은 무엇인지 기획하고 준비하면서 대학으로서의 책무를 지켜 낼 수 있을 것인가를 확인해야 한다.

이러한 대학의 자체적인 확인 결과를 바탕으로 대책을 논의하고 정책을 입안해야 할 정부는 현재 어떠한 방안을 준비하고 있는지, 국가교육위원회는 이러한 문제에 대응한 국가 기획 프로젝트를 추진하고 있는지 알 수 없다.

교육 공동체의 문제 인식과 목표 수립

저자가 보기에 현재 대학과 관계 기관은 고등 교육의 위기에 정확히 대처하지 못하고 있는 상황이다. 이러한 관점에서 시급하게 해결해야 할 내용은 다음과 같다.

- 당장 학령 인구 급감의 인구 감소 문제 해결
- 미래 첨단 분야의 새로운 교육을 통한 인재 육성 문제 해결
- 교육 부분에서 기업의 사회적 책임과 참여의 명확성 확립
- 정부의 고등 교육을 위한 재정 지원 문제 해결
- 대학 자체적 재무 구조 개선 방안과 수익 증대 방안 마련

대학의 변화는 국가와 지방 그리고 기업과 대학 모두가 원하고 있지만, 그 책임이 무엇이고 구체적으로 무엇을 어떻게 할 것인가를 모르는 것이 큰 문제이다. 이상의 문제를 해결하기 위한 각 거버넌스 협력 조직을 구축하여 무엇보다도 학부모의 등록금 걱정이 없고 대학이 미래의 인재 육성을 해야 하는 국가적 책임을 다할 수 있도록 대학의 재무 구조를 건전하게 하는 방안을 모색해야 할 것이다.

대학의 문제를 해결하기 위하여, 국가교육위원회는 미래 학령 인구 감소의 문제 해결을 위한 관계 부처 협의체를 완성하고 인구

증가를 위한 출산 정책, 그리고 미국과 같이 여러 국가의 이민자와 유학생을 유치하여야 한다. 이들을 우리 산업체에 종사하게 하여 시민권, 영주권을 취득하게 하면 지역 소멸이나 대학 소멸 및 국가 인재 공급 문제 등이 해소될 것이다. 나아가 학령 인구의 증가에 초점을 맞추어 전문가들과 협의해서 제도를 완성해야 할 것이다. 이러한 모든 정책은 구체적인 목표와 그 목표 달성을 위한 제도적 지원책과 그 지원 정책에 대한 계량적 분석을 통한 결과 확인의 과정을 거쳐서 추진되어야 함은 말할 것도 없다.

기업의 구인난과 필요 인재의 규모 확보를 위해서는 전국경제인연합과 같은 기업 연합이 무엇을 해야 하는지를 검토 기획해야 한다. 기업은 지금까지의 입장에서 탈피하여 대학에 요구만 할 것이 아니라 기업이 필요한 것에 대한 요구와 그 요구 실현을 위한 필요 비용을 대학과 공유하고 인적 교류는 겸임 교수와 같은 형태로 추진되어야 한다.

이것은 국방부의 초급 장교 수급 관련 제도와 같은 형태를 기업이 해야 한다는 것이다. 그렇게 할 때 기업의 구인난과 필요 인재의 확보가 가능하고 학생은 기업에서 필요로 하고 현장감 있는 실질적인 교육과 더불어 대학의 전공 교육을 완성하면서 학부모의 가계 부담도 완화할 수 있을 것이다. 지방 자치 단체는 대학이 가진 교육용 토지와 건물에 대한 규제 완화와 수익을 낼 수 있는 적극적인 규정을 제도적으로 추진해야 한다. 여기에 대학에 필요한 학생과 교원들의 기숙사와 같은 설비 구축과 운영비와 같은 경상비에도 관심을 기울이고 적극적으로 추진해야 할 것이다. 뿐만 아니라, 실질적인 학생의 교육 복지나 일반 복지 그리고 교수와 직원의 연구, 교육, 일반 복지 향상을 위하여 재무 건전성을 위한 노력을 게을리하지 말아야 할 것이다.

앞으로는 국가교육위원회를 중심으로 하는 교육 관계 거버넌스의 역할이 더욱 중요해질 것이다. 당장 2040년 우리나라의 경제 규모나 이를 뒷받침할 산업 구조와 인재의 수, 이 목표들의 달성을 위한 대학의 구조, 인재 육성을 위한 교육 보조금의 크기 등의 난제를 협의해서 해결해야 할 거버넌스의 구성은 어떻게 할지를 고민하고 추진 방향과 예산 확보가 있어야 할 것이다.

지금까지 대학은 시대의 변천에 맞추어 변화 발전해 왔다. 앞으로도 어떠한 형태일지는 모르지만 변화되고 발전할 것이다. 대학에 종사하는 교수와 직원과 국가가 이들을 위하여 일정한 지원책을 가지고 있는 한 대학의 구성원들은 그들 나름대로 생존과 번영을 위하여 노력할 것이기에 가능하다. 하지만 과거 역사의 흐름에 비추어 대학에만 맡기고 특별한 개혁과 혁신을 하지 않으면 미래의 대학은 지금까지 우리 사회에 성장을 위한 기술, 행복을 위한 철학적 기반을 제공해 온 것과 같은 역할은 할 수 없을 것이다. 우리 사회가, 국가가, 대학이 모두 함께 미래 교육을 위한 파괴적 혁신을 해야 할 것이라고 강조한다.

|2| 지역 기반을 탈피한 고등 교육 정착

앞으로 인구 절벽과 학령 인구의 감소 그리고 디지털 혁명에 따른 사회 변화에 따른 진학률의 감소로 인해 수도권으로 대학이 집중화되는 현상이 두드러질 것이다. 이러한 현상은 비수도권 대학의 순차적 폐교로 지역 소멸과 불균형 문제를 한층 부추길 것이다. '미래는 지역을 기반으로 하는 대학은 없다'는 의미는 지역 소멸의 의미보다는 현재의 지역에 기반을 둔 대학의 모습에서 시간과 공간적 개념을 초월한 교육 기관의 의미가 크다는 것을 의미한다.

디지털 혁명으로 인한 인터넷의 발달은 결국 인터넷 강의를 통해 한층 수요자에 맞추어진 강의를 공급할 것이다.

그러면 우리나라 대학은 이제 어디로 갈 것인가? 외국의 자본과 기술력과 우수한 강의 그리고 학제의 유연함에 우리 교육은 잠식당하고 말 것인가? 국가의 미래 비전과 계획에 맞는 인재 육성 계획은 없어도 되는가? 이러한 문제에 대한 해답의 방향은 대학 입학 학생 수가 급감하는 상황에서 우리나라에 필요한 단절적 대학 구조 조정과 교육 혁신에 있다. 정부는 대학 구조 조정을 위해 무엇을 어떻게 해야 하는가를 고민해야 한다.

시장 경제 원칙에 입각한 대학

저자는 우선 수요자의 욕구와 사회의 변화에 순응하고 선도적으로 역할을 하기 위해서는 무엇보다 시장 경제의 원칙에 대학도 맞추어야 한다고 본다. 시장주의 원칙과 경쟁 구조에서 승리할 수 있는 구도 즉, 대학도 기업화되어야 한다는 것이다. 여기에 국가의 번영과 성장을 위한 국가 중심의 보조와 지원을 통해 대학 구조 조정의 방향성을 제시해야 할 것이다. 현재의 대학교 교수들은 학문의 다양성을 주장하면서 학문 구조를 그대로 유지 발전시켜야 한다고 한다. 이제는 이 다양성도 시장의 원리에 맞추어 수요자에게 맞춘 학문 체계가 자연스럽게 형성되도록 유연성을 갖추어야 한다. 교육도 경쟁이다. 살아남기 위해서 외국의 자본과 유연성에 침탈당하지 않기 위해서는 우리의 기술력을 바탕으로 국민 윤리에 맞는 기업화를 통해서 글로벌 경쟁에서 이겨야 한다.

김재춘은 〈최후의 대학〉(2024)에서 '대학 생태계 보전 방안'을 정부가 마련할 필요가 있다고 하면서 현재 대학의 구조에서 시대의 트렌드에 맞추어 대학 조정의 청사진을 마련해야 한다고 하였다. 정부의 청사진은 필요하다. 하지만 대학 구조의 크기를 가정한 청사진은 위험하기 그지없다.

배리버시티^{vari-versity}와 온라인 강좌

미래의 교육은 인터넷 강의가 대세가 될 것이다. 대학의 학위는 그대로 유지는 되겠지만 지금처럼 신분 상승이나 성공 혹은 관계의 매개로서 가장 중요한 수단으로는 활용되지는 않을 것이다. 나노·마이크로 디그리^{nano·micro degree}와 각종 인증 관련 증명서가 취업이나 능력과 관련된 그 사람을 표현하는 수단이 될 것이기 때문이다. 그렇다고 그 청사진이 틀렸다는 것은 아니다. 지금과 같은 대학의 구조적 유지가 위험하다는 것일 뿐 국가의 성장과 유지를 위해서는 국가 경제의 크기와 비전을 나름 계획하고 그 계획에 맞추어 인재의 육성과 공급을 어느 수준에서 어떻게 할 것인가는 중요한 사항이다.

미래의 사회가 어떻게 변화하고 트렌드가 어떻게 움직이든 구성원의 욕망으로 교육은 반드시 유지될 것이다. 과거로부터 지금까지의 고등 교육은 대학이 주체가 되어서 담당해 왔다고 해도 과언이 아니다. 젊은이가 줄어드는 시대, 코로나19와 같은 예측 불가능한 환경에도 대학은 사라지지 않고 대학 스스로 혁명적인 단절적 혁신에 의하여 현재보다 더욱 큰 기능과 역할을 가진 조직으로 변할 것으로 생각한다. 〈최후의 대학〉을 쓴 김재춘은 미래 사회에는 다양한 유형의 대학이 출현할 것이라고 했다. 무엇보다 교육, 연구, 고등 직업 훈련, 사회 봉사, 평생 학습, 기업가 정신, 창업 등 사회가 요구하는 다양한 역할과 기능을 수행하는 메가 대학 mega-university이 출현할 가능성이 있다고 했다. 앞으로도 대학은 현재보다 훨씬 더 많은 역할과 기능을 떠맡게 될 것이고, 현재보다 훨씬 더 복잡하고 거대한 기계 장치로 등장할 가능성이 있다. 21세기의 대학은 중세 대학의 교육, 근대 대학의 연구, 현대 대학의 사회봉사라는 역할과 기능을 함께 수행하는 기존의 멀티버시티 대학의 역할과 기능에 안주하지 않고 직업 훈련, 평생 교육, 기업가 정신, 창업 등의 특성에 온·오프라인을 다양한 형태로 혼합하여 시간과 공간을 넘나들며 교육하는 옴니버시티 대학의 역할과 기능까지 떠맡아 수행할 가능성이 있다고 하면서 미래 사회에 출현할 대학 개념으로 배리버시티vari-versity*를 이야기하고 있다.

이러한 교육의 통합적 흐름을 다른 시각에서 바라보면 세계 각국은 자국 고등 교육의 확보와 질적 향상과 지속 가능성을 위한 새로운 위상 모색을 위해 여러 가지 시도를 하고 있다. 김동춘은 「교육부의 대학 평가와 한국 고등 교육의 미래」에서 오늘날에는 더욱더 학교가 유일한 혹은 배타적인 교육의 장場의 지위를 거의 상실했으며 어쩌면 지금 시대에 대중 매체, 혹은 정치가 학교보다 더 중요한 교육의 장일 수도 있다고 했다. 하지만 교육은 국가의 번영과 지속 가능성을 확립하고 국가의 번영을 위하여 꼭 필요하기에

---

* 배리버시티(Vari-versity)는 'variety(다양성)'와 'university(대학)'의 합성어로 현대 대학의 정체성을 새롭게 정의하는 개념이다.

많은 예산을 지원받으면서 역할을 담당하고 있다.

대학은 교육의 책임성을 가지고 그 역할을 다하여야 한다. 그러나 정부의 지원금은 대학을 경영하는 데 충분하지 않고 경영을 위한 예산 확보를 위해서는 학생의 등록금이나 기타 다른 방법으로 수익이 있어야 가능하다. 따라서 책임성과 양립하기 어려운 수월성에 대한 부분을 대학은 찾게 된다. 즉, 책임을 다할 수 있는 인재 육성과 대학 경상비의 절감이라고 하는 두 가지 명제를 동시에 달성하여야 한다.

4차 산업혁명 시대는 디지털 혁명과 인터넷의 발달이 대학의 형태를 변화시키고 대학 상호 간에 혹은 국가 간에 가장 격렬한 경쟁 구도를 만들 것이다. 교수의 대면 강의와 물리적 캠퍼스로 구성된 교육은 교육 수요자에 의해 변화를 거듭해서 온라인 강좌가 주를 이룰 것이고 대학이 국가적 책임과 사회의 변화에 맞추어 교육 기업으로 탈바꿈하는 시대가 도래할 것이다. 물론 교육법의 규제 완화로 일반 민간의 사설 교육 기업도 생겨날 가능성도 충분히 있다.

교육 효과 향상과 교육 비용 절감이 동시에 이루어져야 하는데 이를 위하여 새로운 교육 방식 적용 및 첨단 기술 도입이 시도되고 있다. 하버드대학교 경영대학원 클레이튼 크리스텐슨 교수는 '파괴적 혁신'으로 유명하다. 그는 '온라인 강좌'가 대면 강의와 물리적 캠퍼스로 구성되는 대학의 모델을 변화시킬 수 있는 파괴적 기술이라 주장한다(허준, 2020). 예측해 보면 지역에 기반을 둔 지역 거점의 대학은 개념적으로는 사라지고 온라인 강좌를 통한 대학 간의 연계나 국가 간의 대학 연계와 교육이 인터넷 강좌를 통해 통합되어 갈 것이다. 그렇기에 지역 거점의 지역을 기반으로 한 대학은 없고 교육만이 남는 새로운 시대에서 교육 체계를 검토하고 준비해야 하는 시대에 살고 있다. 앞으로 직업으로 연결되는 자격이나 인증을 위한 단기 과정이 교육과 직업으로 연결되는 평생 교육처럼 교육만 있을 것이라고 감히 이야기한다.

|3| 행복을 관리하는 대학 교육

앞으로 고등 교육의 내용은 어떤 모습일까? 앞서 제시한 사회가 요구하는 실질적인 교육 커리큘럼, 배리버시티와 온라인 강좌로 이루어진 유비쿼터스 체계 등 과학 기술로 인해 보다 고도화된 교육 현장이 펼쳐질 것이라고 본다. 하지만 교육의 궁극적인 목적과 가치는 인간의 행복으로 귀결되어야 하지 않을까 생각한다.

급속한 과학 기술의 발전과 경쟁 사회 속에서 자칫 우리 인간은 모든 노력의 궁극적인 목적이 '삶의 행복'이라는 점을 망각할 수 있기 때문이다. 우리의 행복은 그 무엇으로 바꿀 수 없는 존엄한 최고의 가치다. 그러므로 교육은 행복의 가치와 행복에 이르는 방법을 끊임없이 환기시키고 제시해야 한다고 본다. 그렇게 해야만 미래 대학이 혁신과 발전을 통해 인류의 삶에 헌신하는 제도로 남을 수 있다.

그러기 위해 당장 해야 할 것은 '행복을 관리할 수 있는 역량을 갖추는 교육'이다. 현재 대학생들은 행복을 얼마나 잘 관리하고 있을까? 이제는 대학에서 대학 졸업 이후에도 평생 영원한 행복을 누리기 위해서 또 가치 있는 삶을 영위하기 위해서 행복 관리 교과가 필요하고 함께 토론하며 스스로 행복을 찾아갈 수 있도록 해야 할 것이다.

도덕이 아닌 행복

산업화를 통해 물질적 번영을 이룬 우리나라는 '행복'이란 가치를 망각했다고 본다. 산업화 시대 교육이 도덕 교육에 집중되었다면 이제 우리는 행복 교육을 통해 행복을 되찾아야 하지 않을까 생각한다.

초등학교부터 고등학교까지 삶에 대해 배우는 과정 속에 '도덕' 내용은 다양한 이름으로 존재하여 왔다. 교육과학기술부는 2011년 8월 9일 제2011-361호 '2009개정 교육 과정에 따른 교과 과정'을 고시하였다. 2009 개정 교육 과정 기준 '도덕적 주체로서의 나', '우리, 타인과의 관계', '사회, 국가, 지구 공동체와의 관계', '자연, 초월적 존재와의 관계'의 4개의 대영역으로 분류된다. 점차 바라보는 시점이 나, 너, 우리, 자연과 정신으로 넓어져가는 것이 포인트이다. 더불어 7차 때까지 공통 선택 과목이었던 고등학교 1학년 시기의 '도덕' 과목이 폐지되었다. 고등학교 도덕이 폐지된 이후 도덕 과목은 중학교 과목으로 격하되거나 심화 과목(일반 선택 과목)으로 남게 되었다. 2009 개정 교육 과정부터 '윤리와 사상'과 7차 교육 과정 때 있었던 '생활과 윤리'가 일반 선택 과목으로서 도덕의 자리를 대신하게 하였다.

2015년 고시된 대한민국 개정 교육 과정 기준으로 철학자들과 종교학 분야만 농축하여 뽑아낸 '윤리와 사상', 현실에 적용 가능한 응용 부분을 농축하여 뽑아낸 '생활과 윤리' 등의 선택 과목이 있는데, 본격적으로 고등학교부터 매우 복잡한 내용들을 배우게 된다. 하지만, 이러한 과정 속에서 자신의 삶을 행복하게 관리하는 내용은 매우 미흡하다. 대학에서의 사정도 그다지 다르지 않다. 대학생들이 삶에 대한 태도를 형성하는 과정이 이제는 도덕을 넘어서 행복이라는 관점에서 이루어져야 한다. 행복은 개인이 느끼는 즐거움만이 아니라 공동체 속에서 자신의 삶의 의미를 찾도록 도와주기 때문이다.

행복을 코칭하는 대학 교육

최근 한국에서도 행복의 중요성을 실감하면서 조금씩 변화를 보이고 있지만, 이미 국외에서는 행복에 대해 심리학과 뇌과학 분야에서 많은 연구가 이루어지고 있다. 특히 긍정심리학에서는 행복을 인간의 커다란 '자산'으로 본다(마틴 셀리그만, 2011). 행복감은 삶의 의욕을 불러일으키는 거대한 자원이다. 먼저 현재 행복과 관련된 국내외 몇몇 교과 과정을 살펴보면 [표 7]과 같다.

이처럼 몇몇 대학에서 행복에 대한 교육을 중요하게 생각하고 있다. 이러한 대학은 전공과 상관없이 대학생들이 대학을 성장의 공간이 될 수 있도록 노력하고 있다. 하지만, 여전히 행복에 관한 교과 과정은 체계적이지 않고 확산적이지도 않다. 하지만 독일의 경우는 다르다. 독일에서는 2007년도부터 행복을 실제 교육 영역에서 다루려는 시도가 나타났다.

독일은 '행복'을 단순히 배울 수 있는 교육적인 목적으로 간주하는 것을 넘어 영어, 수학, 화학과 같이 고전적 교과목처럼 '행복 Glück'이란 명칭 아래 독립적인 정식 교과목으로 운영하여 혁신적 모델을 제시한다.

사회적 관심 속 교육적인 효과를 검증하는 일련의 몇몇의 연구들을 통해 긍정적인 평가를 받아온 행복 수업은 현재 독일 전역 100여 개 이상의 학교에서 정식 교과목으로 운영되고 있다. 이

[표 7] 행복 관련 국내와 교과 과정

주체	교과 과정	내용
KAIST	행복론	행복론 강의는 학생들이 건전하고 밝고 맑은 성품과 인성을 갖춰 성장하여 사회 속에서 함께 즐기며 그들의 꿈과 목표를 성취해 냄으로써, 행복감을 느낄 수 있도록 교육 과정에 맞춰 지도안을 개발(김영호, 2022)
서울대학교 행복연구센터	행복 연구 및 행복 교육	서울대학교 사회과학연구원 행복연구센터는 세계 초일류 행복 연구 및 교육 기관이라는 비전을 달성하기 위하여 2010년도에 설립되어, "For Better Lives"라는 모토 아래 행복 연구 및 행복 교육, 행복 문화 창출을 위한 다양한 사업을 추진(서울대학교 행복연구센터 홈페이지)
동국대학교	더 행복해지기: 행복심리학	대학생들이 행복한 삶에 대한 이해와 함께 구체적으로 실행 계획을 세워 그 과정에 대해 탐색하는 목표를 가지고 있음(동국대학교 홈페이지)
미국 하버드대학교	Managing Happiness	'Managing Happiness'는 다른 사람들과 공유하는 방법을 보여줌으로써 세계에 더 많은 행복과 사랑을 전하고 자신의 복원 노력을 더욱 강화할 수 있도록 함(하버드대학교 홈페이지 "Managing Happiness")
미국 예일대학교	Psychology and the Good Life	본 수업의 목적은 여러 도전 과제에 참여하여 자신의 행복을 높이고 더 생산적인 습관을 형성하는 것으로, 행복에 관한 오해, 우리를 특정한 사고 방식으로 이끄는 마음의 불편한 특성, 그리고 우리를 변화시킬 수 있는 연구에 대해 공개함(예일대학교 홈페이지 "The Science of Well-Being")

후 많은 연구자들에 의하여 그 효과성이 꾸준히 입증되면서 현재 교과목 '행복'은 독일 전역에서 초등학교에 해당되는 그룬트 슐레 Grundschule와 중고등학교에 해당되는 김나지움이나 직업 학교 등에서 시행되고 있고, 아울러 카셀, 뮌헨, 오스나브뤼크대학교 등에서

전공 강의와 연계되는 교육이 이루어지고 있다(강명희, 2021).

독일 행복 수업에서 주요한 두 가지 관점은 첫째, 나와 나 자신의 행동 관련 책임이고, 둘째, 외부적인 사회와 주변 환경과 관련 지은 책임이다. 행복 수업은 개개인을 중심에 두면서도 동시에 항상 그를 둘러싼 세계와의 관계를 중요시한다. 즉, 자기 자신의 강점을 인식함으로써 자신이 가진 자원과 잠재력을 일깨우고 강화시키는 것을 1차적 목표로 하고, 아울러 성숙한 자아를 바탕으로 타인과 사회와의 조화로운 관계를 추구할 수 있도록 함을 목표로 한다.

이러한 독일의 교과 과정은 미래 대학에서 중요하게 생각하여야 할 내용이다. 대학은 삶의 궁극적인 가치를 함양할 수 있는 공간이 되어야 한다. 대학생의 행복을 체계적으로 관리하고 코칭할 수 있도록 돕는 '행복' 교과 과정에 대한 중요성을 인식하고 수용하는 것은 선택이 아니라 필수가 되어야 할 것이다. 여기에 명상이나 정신적 수양과 같은 방법도 도입이 되어야 할 것이다. 진정 무엇이 행복이고 그 행복을 위해서 나 자신이 무엇을 어떻게 할 것인가를 고민하고 수행하는 덕목을 대학에서 완성할 수 있도록 해야 한다. 이 모든 교육적 노력과 실천의 끝은 대학생, 학부모, 그리고 교육 관계자와 사회 구성원 모두의 행복이기 때문이다.

2040년이 되면 대학에 진학하는 68퍼센트의 학생 수가 감소한다고 한다. 인구 절벽과 고령화로 지역은 소멸의 위기를 실감하고 있다. 인구 절벽과 고령화, 디지털 혁명이라는 두 가지 메가 트렌드가 우리 사회를 어떻게 변화시키고 교육에 어떤 위기를 가져올 것인가를 고민해야 한다. 이 책 〈전공을 버려라〉는 4차 산업혁명의 디지털 전환에 따른 융복합 시대에 생존해야 하는 정부, 정치인, 대학 법인, 기업, 교수, 교육 수요자, 인재 수요자 등 사회 전반적인 구성원들이 화두로 고민하고 이를 넘어선 생존 명제로 인식하기를 바라는 마음을 담아 집필하였다.

미래에 닥쳐올 위기의 가장 중심에는 기업에 일정한 인재를 지원해야 하는 '대학'이라고 하는 고등 교육 기관이 있다. 이 위기 문제의 핵심은 학생 수 감소, 대학의 존립 위기, 대학의 혁신, 대학 재정의 건전성 등이다. 이러한 문제를 해결해야 하는 가장 큰 이유는 우리의 교육을, 인재 육성을 우리가 방기하게 되면 결국 국가의 미래를 우리 후손이 아닌 외국의 자본과 외국의 인재에 의해서 좌우되는 국면으로 치닫게 될 가능성이 크기 때문이다.

학생, 교수, 산업계, 사회는 고정된 틀과 사고를 넘어 여러 이질적인 영역과 요소를 융복합해야만 미래의 주역이 될 수 있다. '전공을 버려라!'는 단순히 자신의 전공과 전문 지식만을 고집하는 것이 아니라 지금까지 대학의 단일 전공 중심의 학사 구조 속에서 사회의 인재 수요에 맞추려던 인재 육성 방식에서 탈피하고 새로운 미래의 디지털 혁명 시대에 맞추어진 융합 능력, 창의력, 협력 능력, 인성, 커뮤니케이션 능력을 겸비할 수 있는 맞춤형 교육을 해야 한다는 의미이다. 그것은 융복합 능력을 키우는 의식의 전환점이 될 것으로 본다.

이 책에서는 메가 트렌드에 따른 대학이 왜 위기이며, 지금까지 많은 학자가 예견한 미래의 인재상을 빌어서 그러한 인재의 육성이 현재의 대학에서 가능할까? 대학은 과연 변화하려 하고 있는가를 고민했다. 그 고민을 바탕으로 그러면 미래를 위해서 정부나 기업 그리고 대학이 무엇을 해야 할 것인가를 고민하고 그 무엇을 위해서는 어떻게 해야 할 것인가를 설명하였다. 이러한 모든 내용은 저자가 대학에서 학생의 역량 개발을 총괄하는 역할과 대학원의 발전을 위해서 대학원장으로서 또 총장으로서 대학 경영을 총괄 책임지는 소임을 하면서 공부하고 실행하며 느꼈던 일들을 기초로 구성해 본 것이다.

미래의 대학은 가장 큰 문제가 학생 수 급감이다. 그리고 이에 따른 재정의 불건전성이며 대학 스스로 재정 건전성 확보를 위한 역할을 할 수 없게 만들어진 정부의 규제법과 지방 정부의 제도에 의한 자율성의 미확보이다. 디지털 혁명에 대한 인재 육성이나 대학 교육의 질과 교육 방식 등과 같은 교육 혁신은 우리나라 대학의 능력이면 충분히 다른 국가와 경쟁해서 우위를 점할 수 있는 자격을 갖추고 있다.

이 책을 집필하면서 가장 어렵고 힘들다고 느낀 것은 우리 국가에서도 인구 절벽의 인구 감소 문제를 해결하고 있지 못하다는 점과 많은 보고서와 미래 학자들이 이야기하는 내용과 본 저서에서도 이야기하는 다양한 문제들을 책임지고 추진하는 총괄 기구가 없다는 것이었다. 물론 교육부나 국가교육위원회와 같은 기구에서 국회와 타 부처와 관련된 다양한 기관이나 주체들과 협력한다면 못 할 것도 없겠지만 적어도 지금까지는 그 기능이 제대로 작동하고 있지 않다는 느낌을 지울 수 없다.

지금까지의 대학은 상아탑과 같은 전통적인 사고에서 크게 벗어나지 않고 교수들도 그러한 인식에서 행동하고 대우받고자 하는 경우가 많다. 물론 상아탑의 상징성을 유지하는 것이 교육이라고 하는 가치를 더 높일 수 있겠지만, 미래의 대학은 시장 경제하에서 국가를 위하고 대학 기구나 조직 자체를 위해서 기업과 같은 경쟁 속에서 승리하는 새로운 이념의 가치 기준을 가져야 한다. 이렇게 대학 스스로가 행동할 때 국가도, 지방 정부도, 기업도, 사회도, 교육 수요자도, 일반 민간인도 대학을 위해서 도울 것이다. 이 책 〈전공을 버려라〉가 우리 사회에 대학 교육을 위해 깨어있는 모든 사람들을 움직이게 하여, 학생이 성공하고 행복하게 성장하며, 우리 국가가 지속 가능한 발전과 선진국으로서 세계에 공헌하는 그날이 오길 염원하며……

저자 윤성이

참고문헌

「정치자금법」, 「법률」 제11376호, 2012년 2월 29일 시행.

강명희, 「독일 학교의 '행복' 수업 연구」, 《시민인문학》 40, 2021.

교육과학기술부, 《2009개정 교육 과정에 따른 교과 과정》 제2011-361호, 2011.

교육부, OECD 교육지표, 2020. https://www.oecd-ilibrary.org

교육부, 「대학생들의 다양한 학습 기회 확대를 위해 소단위 학위과정 도입한다」, 「고등 교육정책실 대학학사제도과 보도자료」, 2022.12.08.

교육부, 「글로컬대학30 프로젝트로 벽을 허무는 대학개혁 가속 추진」, 「교육부 조간보도자료」, 2023.07.12.

교육부·한국직업능력개발원, 「미래직업 가이드북」, 2018.

교육위원회, 「교육부 소관 세입세출예산안·기금운용계획안 및 임대형 민자사업 한도액안 검토보고」 [전자자료], 2023.

국회예산정책처, 「『고등 교육 재정 지원 분석』보고서 발간」, 「국회예산정책처 보도자료」, 2023.11.17.

김난도·전미영 외 8, 《트렌드 코리아 2023》, 미래의 창, 2022.

김영호, 《대학 행복론 강의 이해하기 : KAIST 행복론 강의에 기반하여》, 세화, 2022.

김윤섭, 「등록금 인상 규제 완화 무용지물…대학 재정 수입 3년간 감소세」, 《경북일보》, 2023.09.05. https://www.kyongbuk.co.kr/news/articleView.html?idxno=2141523

김재춘, 《최후의 대학》, 학이시습, 2023.

김진하, 「제4차 산업혁명 시대, 미래사회 변화에 대한 전략적 대응 방안 모색」, 《KISTEP Inl》 15, 한국과학기술기획평가원, 2016.

김현아, 「대학 45%가 등록금 올렸다…14년 동결 기조 '균열'」, 《YTN뉴스》, 2023.04.17. https://www.ytn.co.kr/_ln/0103_202304171655583140

남윤서, 「2030년 대학 절반이 사라진다」, 《중앙일보》, 2018.1.17.

마틴 셀리그만, 《긍정심리학》, 물푸레, 2011.

박영숙 & 제롬 글렌, 《세계미래보고서 2045》, 교보문고, 2016.

배상훈 & 윤수경, 「한국대학에서 대학기관연구(Institutional Research) 도입 관련 쟁점과 시사점」, 《아시아교육연구》 17(2), 2016.

윤성이, 「빅데이터(Big Data)를 활용한 대학 경영」(희망 대한민국 24), 〈한국대학신문〉, 2021.11.14.

이경호, 「제4차 산업혁명시대 학교교육 혁신방안 탐색: 미국 '미네르바 스쿨' 혁신사례를 중심으로」, 〈교육문화연구〉 26(1), 2020.

이미영, 「4차 산업혁명이 대학무용교육생태계에 미치는 영향」, 〈한국무용연구〉 37(1), 2019.

이민우, 「짧고 깊게 직무교육…"4차 산업혁명, 나노디그리로 대비하라"」, 〈아시아경제〉, 2017.12.13.

이승우 & 양윤정, 〈하버드 오후 4시 반〉, 더퀘스트, 2023.

인스파일러, 「[대학]시도별 대학 개수, 입학정원, 입학자 수: 입학정원 수(2023)」, 2023.03.29. https://insfiler.com/detail/rt_univ_quota_entr-0007

최연구, 「미래의 학교는 어떤 모습일까?」(4차산업혁명시대, 미래교육칼럼 4), 교육부 보고서, 2020.

통계청, 〈장래인구추계: 2020~2070년〉, 2021.

통계청, 「성·교육수준·직업별 전공직업일치도」, 2023.

통계청, 〈장래인구추계(시도편): 2017-2047년〉, 2019.

한국사립대학총장협의회, 〈2021~2022 고등 교육 통계 자료집〉, 2022.

한국사립대학총장협의회의, 「사립대학법 제정에 관한 연구」, 2021.12.

한국사학진흥재단 대학 재정알리미. https://uniarlimi.kasfo.or.kr/main/

한국직업능력개발원, 「한국 청년 채용시장 조사」, 2016.12.14.

허준, 〈대학의 과거와 미래〉, 연세대학교 대학출판문화원, 2020.

조지프 E. 아운, 김홍옥 옮김, 〈AI 시대의 고등 교육〉, 에코리브르, 2019.

Andrew, D., *College What It Was, Is, and Should Be*, Second Edition, Princeton University Press, 2023.

Barr, R. B. & Tagg, J., "From teaching to learning: A new paradigm for undergraduate education", *Change: The magazine of higher learning*, 27(6), 1995.

Berger, G., "The jobs of tomorrow: LinkedIn's 2020 emerging jobs report", 2019.

Boud, D. & Solomon, N., "Repositioning universities and work", *Work-based learning: A new higher education*, 2001.

Christensen, C. M. & Eyring, H. J., *The innovative university: Changing the DNA of higher education from the inside out*, John Wiley & Sons, 2011.

EDUCAUSE, "Higher Education Analytics", 2019.

Field, J., *Lifelong learning and the new educational order*, Trentham Books, Ltd., 2000.

Fraunhofer, (n.d.), "Cooperation With Universities of applied sciences". https://www.fraunhofer.de/en/about-fraunhofer/profile-structure/cooperation-with-universities.html

Harvard Magazine, "Rebooting Online Education", 2020. https://www.harvardmagazine.com/2020/04/jhj-rebooting-online-ed

Johansen, L. B., Nielsen, A. E. & Jensen, D. D., "Student participation and life satisfaction in sustainable campus initiatives", 2021. https://nibio.brage.unit.no/nibio-xmlui/handle/11250/2437304?show=full

Siemens, G., "Learning analytics: envisioning a research discipline and a domain of practice", In Proceedings of the 2nd international conference on learning analytics and knowledge, 2012, April.

Stockholm University, (n.d.), "The university's climate and environment work". https://www.su.se/english/about-the-university/sustainable-development/the-university-s-climate-and-environment-work

Tech Wire Asia, "AI in education: Geniebook's personalized learning journey", 2023. https://techwireasia.com/08/2023/ai-in-education-geniebooks-personalized-learning-journey/

World Economic Forum, "Deep Shift: Technology Tipping Points and Social Impact", 2016.

World Economic Forum, J. "The future of jobs report 2020", Retrieved from Geneva, 2020.

World Future Society, "Top 10 Disappearing Futures", 2013.

Wright, A., "Replay: The future tech skills. IBM Institute for Business Value", 2021. https://www.ibm.com/thought-leadership/institute-business-value/report/replay-tech-skills

WURI, "Global Top 100 Innovative Universities", 2022.

국립 싱가포르 대학 홈페이지 https://nus.edu.sg/

네덜란드 실무중심 대학 홈페이지 https://www.hanze.nl/en

데겐도르프 대학 홈페이지 https://www.th-deg.de/en

동국대학교 IR 시스템 내부자료 https://www.dongguk.edu/main

동국대학교 홈페이지 https://www.dongguk.edu/main

매사추세츠공과 대학 홈페이지 https://www.mit.edu/

미네르바대학 홈페이지 https://www.minerva.edu/

보스턴대학 홈페이지 https://www.bu.edu/

사이먼프레이저 대학 홈페이지 https://www.sfu.ca/

상명대학교 학생군사교육단 홈페이지 https://rotc202.smu.ac.kr/202/index.do

서울대학교 홈페이지 https://www.snu.ac.kr/index.html

서울대학교 행복연구센터 홈페이지 https://happyfinder.co.kr/

스탠퍼드 대학 홈페이지 https://www.stanford.edu/

아리조나주립 대학 홈페이지 https://www.asu.edu/

알토 대학 홈페이지 https://www.aalto.fi/en

압둘라귈대학교 홈페이지 https://intoffice.agu.edu.tr/

에콜42 홈페이지 https://42.fr/en/homepage/

예일 대학 홈페이지 "The Science of Well-Being" https://online.yale.edu/courses/science-well-being

인천대학교 홈페이지 https://www.inu.ac.kr/inu/index.do?epTicket=LOG

칭화 대학 홈페이지 https://www.tsinghua.edu.cn/en/

캘리포니아 대학 버클리 홈페이지 https://www.berkeley.edu/

캘리포니아공과 대학 홈페이지 https://www.caltech.edu/

펜실베니아 대학 홈페이지 https://www.upenn.edu/

프린스턴대학 홈페이지 https://www.princeton.edu/

하버드대학 홈페이지 https://www.harvard.edu/

하버드대학 "Managing Happiness" 홈페이지 https://pll.harvard.edu/course/managing-happiness

전공을 버려라 미래 교육을 대비하는 대학의 변화

초판 1쇄 인쇄 2024년 2월 23일
초판 1쇄 발행 2024년 3월 1일

지은이 윤성이

편집/디자인 새섬
마케팅 임동건 **경영지원** 이지원
출판총괄 송준기 **펴낸곳** 파지트 **펴낸이** 최익성

출판등록 제2021-000049호
주소 경기도 화성시 동탄원천로 354-28 **전화** 070-7672-1001
이메일 pazit.book@gmail.com **인스타** @pazit.book

ⓒ 윤성이, 2024
ISBN 979-11-7152-027-5 03370

THE STORY FILLS YOU
책으로 펴내고 싶은 이야기가 있다면, 원고를 메일로 보내주세요.
파지트는 당신의 이야기를 기다리고 있습니다.